天下明鉴

格言集

白书贵/著

中国出版集团
现代出版社

图书在版编目（CIP）数据

天下明鉴 / 白书贵著. -- 北京 : 现代出版社, 2016.11
ISBN 978-7-5143-5633-5

Ⅰ. ①天… Ⅱ. ①白… Ⅲ. ①格言—汇编—世界
Ⅳ. ①H033

中国版本图书馆 CIP 数据核字（2016）第 303664 号

天下明鉴

作　　者　白书贵
责任编辑　李　鹏
出版发行　现代出版社
地　　址　北京市安定门外安华里504号
邮政编码　100011
电　　话　010-64267325　010-64245264（兼传真）
网　　址　www.1980xd.com
电子邮箱　xiandai@vip.sina.com
印　　刷　成都新千年印制有限公司
开　　本　880×1230　1/32
印　　张　7
版　　次　2016年11月第1版　2016年11月第1次印刷
书　　号　ISBN 978-7-5143-5633-5
定　　价　22.00元

在予步入古稀寿辰之际，谨以此书向世人献礼！

——白书贵

心有灵犀贯古今

——《天下明鉴》序

刘德洲

在天高云淡、硕果累累的金秋季节，欣闻书贵兄的格言集《天下明鉴》杀青付梓，余殊感惊喜之至。纵观中外历史，出版个人格言专著则凤毛麟角，且条款之多，内容之广，创意之新，语言之妙，理论之深，见解之独到，哲理之丰富更是古今少有。

与书贵兄相识在一个偶然的机会。数人之中，听他的谈吐，观点新颖，激人奋进；观他的气质，相貌堂堂，器宇轩昂；看他的为人，忠厚实在，侠义宽容。岁过花甲，雄心犹在，老骥伏枥，志在千里。后几经交往，倾心交谈，相互间皆觉相见恨晚。余敬佩书贵兄的为人，更敬佩他的为文。

书贵兄生于1947年农历正月，家住邓州市罗庄镇白营村。他自幼丧父，十几岁就挑起生活的重担。几十年来，曾担任大队、公社干部和企业厂长等职。工作之余，喜诗好书，勤读善思。虚心成大器，劲节见奇才。经过多年的磨砺和积累，学有所长，思有所得。他的诗、书和格言，形成文化“金三角”，相辅相成，堪称三绝。现任中国毛体书法家协会常务理事，中国国际画院副院长，台北故宫书画院名誉院长、客座教授，当代著名诗人，世界最长的狂草连笔书法创世界纪录者。

他的诗词，激情四射，彰显大气，咏物喻事，臻于完美。诗、词、联屡次获奖，其中四次荣获“国际优秀作品奖”。个人词条入编“世界名人录”“世界人物辞海”等名人大典。格言入选2006年中央党校出版的“八荣八耻箴言录”和2007年挂历。诗集《鹏飞吟赋》揭示万物玄奥，感悟人生真谛。请看他的《七绝•夕阳颂》：“青山踏遍身尤健，壮志霜翁奋向前。莫道夕阳将欲坠，回眸一笑映红天。”他的书法，狂而有序，大气磅礴，风格迂回，独树一帜。所作的条幅和三尺竖幅作品全部一笔一行连贯书成，章法合理，自成一脉。2010年创世界最长的狂草连笔书法作品世界纪录。另有部分书法作品既参展了上海世博会并被收藏，又被雕刻在八达岭新长城上供人观赏、永载史册。特别值得一提的是他的格言，以其独到的哲理和见解，用新观点、新理念、新思路、新语言，评古论今，与时俱进，融会贯通，在不到三年的时间内，如同行云流水，浑然天成三千多条。惊哉，叹哉，慕哉，赞哉。

什么叫格言？格言是人生经验和规律的总结。格言富有积极的思想意义，包含广泛的教育意义，逻辑性强，哲理性深，社会层面广，成功时给人以指引，给人以力量，逆境时给人以警醒，给人以勇气。格言意在阐明事理，重在教化，内容精辟，促人警醒，耐人寻味，意味深长。大凡爱动脑筋的人们，时常凭借智慧的思维，以及对人生的感悟，可能会想出几句格言来。但是，要想吟出几千条流传千古的佳句，就不是一件容易办到的事情。可以毫不夸张地说，要想实现这样的壮举，达到这样的目标，必须是费尽千辛万苦的人，必须是历遍重重磨难的人。

书贵兄的《天下明鉴》格言集，主要包括了五大方面：一是读书修身，咏物言志；二是一生奋斗，改变命运；三是感悟人生，与时俱进；四是家庭和睦，万事兴隆；五是理想广远，成就事业。仔细研读书中的内容，从中感受到的是智慧，是信心，是激励，是永不言败的力量。

人为什么而活？人应该怎样活着？这是千百年来人们一直关心和思考的重要课题。当你打开《天下明鉴》一书，可以看到书中尽是稀世珍宝，使人眼前一亮，从中找到许许多多发人深省的启示。

读之养德修身。格言是镜子，不仅能够时常反观自己的形象，而且能够透视人的内心世界。古人讲：修身、治家、平天下，把立德作为人生的首要选择。《天下明鉴》一书列举了许多读书修身的言辞，发人深省，耐人寻味。如“知识是智慧，智慧是财富”“读书提高境界，实践拓宽胸怀”“学问是学习之花，智慧是学问之果”等。

读之明理励志。如“敢闯足为路，敢攀人为峰”。“学习前人是方法，超越前人是目的”。一个人只有看到自己的不足，明白自己该怎么做，才能发奋学习，敢想敢干，从而取得超越前人的成就。《天下明鉴》

书中有许多教人明理的言辞，读来受益匪浅。如“敢想理论新，敢干事迹奇”“做人可生天下后，做事须走天下先”“钱为人用钱万能，人为钱用钱万恶”“大彻出大悟，大志成大事”“心唯我是庸人，心唯人是贤人”等。

读之增智开悟。如“读书贵在钻书里，创作贵在跳书外”“学哲学认识世界，学知识创造世界，学科学改造世界”。学问，是知识，是技能，是对实践的认识，是对读书的升华。古诗云：黄金未是宝，学问胜珍珠。丈夫无技艺，虚活一世人。《天下明鉴》书中列举了许多读书增智的道理。如“读书是手段，实践是目的”“只有今天无愧，才能一生无悔”等。

读之保廉洁身。贪吃的鱼儿易上钩。私心重，祸无穷。人生在世都为民，真正做到权为民所用，情为民所系，利为民所谋，人有七情六欲，如何有效地控制自己的私欲，立党为公，执政为民。奉劝大家多读读《天下明鉴》一书。如“天下为公，百姓为本”“为天下百姓谋幸福是伟人，让天下百姓享太平是圣人”“胸无私欲乾坤晓，心为民忧天地知”“民威出于正，官威出于廉”等。

古语说："常语易，奇语难。"说话水平的高低，取决于一个人内在的思想境界和胸襟学识。《战国策》云："三寸之舌，强于百万雄兵；一人之辩，重于九鼎之宝。"一言可以兴邦，一言可以丧国。格言作为人生机智的精华，格调积极，所论高雅，总结成功的经验，反思失败的教训，是人生哲学最好的一种度量工具。余相信，书贵兄的《天下明鉴》格言集，在发扬和传承民族文化、民族传统、民族精神的基础上，必将展示自身的特有功能，不仅会极大地熏陶、启迪一代又一代人，而且将会被后世传诵千秋。

作者简介：作者系河南省邓州市安监局副局长，河南省作家协会会员，著名作家，出版中篇小说集1部、长篇小说4部，诗集、散文集和报告文学集三本书正在编审。其中长篇小说《西山烽火》被改编拍成电影《残阳》，另一部长篇小说《西山剿匪》被改编成30集电视连续剧《毒牙》，2015年已在福建卫视首播。

目录

CONTENTS

读书修身，咏物言志

★ 读万卷书，才能知识渊博；行万里路，才能视野开阔。

★ 多读书岁月甜，勤实践日月新。

★ 多读书天地宽，勤实践世界大。

★ 读书少难成大事，知识多方成大器。

★ 世界虽大，不读书难做人；天地虽宽，没知识难做事。

★ 读书是学问之母，实践是学问之父。

★ 读书是吸收营养，实践是释放能量。

★ 知识是万能之母，实践是万能之父。

★ 勤读书知识新，多实践成果新。

★ 读书放飞梦想，梦想放飞人生。

★ 学哲学人万能，用哲学功万能。

★ 读书贵在钻书里，创作贵在跳书外。

★ 书本得来教条多，实践得来理论新。

★ 学知识掌握古今，学哲学掌握天地。

★ 只有明白哲学，才能明白人生。

★ 学哲学认识世界，学知识创造世界，学科学改造世界。

★ 学问在后天，才华在先天。

★ 读书是学问的基础，实践是学问的源泉。

★ 知识创造财富，知识就是财富；人才创造财富，人才就是财富。

★ 知识给人自信与力量，智慧给人成就与辉煌。

★ 人才造就知识，知识造就人才。

★ 读书提高境界，实践拓宽胸怀。

★ 学知识博古通今，学哲学知地通天。

★ 学哲学知天晓地，学科学改天换地。

★ 哲学给人智慧，知识给人力量。

★ 哲学是做人学问，知识是做事本领。

★ 书读百遍，遍遍有新悟；字练百遍，遍遍有新功。

★ 知识来于读书，创新来于实践。

★ 知识是智慧之本，智慧是谋事之本。

★ 读书成就人生，实践开拓未来。

★ 读书放飞理想，实践成就未来。

★ 读书改变命运，成就造就未来。

★ 读书使人聪明，实践使人成就。

★ 读书触类旁通博古通今，实践举一反三立异标新。

★ 读书贵在细心，实践贵在大胆。

★ 读书贵在细心领悟，实践贵在大胆创新。

★ 读书是成功的摇篮，实践是成功的起跑线。

★ 读书是点亮人生的火炬，实践是成就人生的摇篮。

★ 博览群书贵在精，读书万卷贵在通。

★ 读书是学习他人，创作是创造自己。

★ 读书是成人成事之母，实践是成人成事之父。

★ 读书举一反三博古通今，实践触类旁通改地换天。

★ 读书是方法目的在成人，实践是手段目的在成事。

★ 多读书出天才，多实践创奇迹。

★ 一生建树唯知识，百岁成功有辉煌。

★ 一生富有唯学问，百岁幸福有成就。

★ 人生欲觅成功路，学海寻航苦作舟，攻读诗书千古鉴，求知万卷自风流！

★ 哲学使人明白，知识使人智慧。

★ 哲学是认识世界之慧眼，科学是改造世界之法宝。

★ 书读百遍有新得，字练百遍有新功。

★ 书读百遍出新，字练百遍生巧。

★ 书读百遍装脑中，字练万遍刻心里。

★ 书用心读学有新得，功用心练日有新功。

★ 博览群书登高望远，实践创新改地换天。

★ 只有掌握科学知识，才能创造美好世界。

★ 读书在学习前人，读书在超越前人。

★ 只有知识发展，才有时代前进。

★ 只有知识更新，才有实践创新。

★ 读书当好学生，实践当好老师。

★ 只有科学的态度，才有科学的知识，只有科学的知识，才有科学的成就。

★ 艺高于天长，功深于日久。

★ 读书没巧越读心越明，功夫没巧越练功越深。

★ 功夫天天练，造诣日日深。

★ 成功者是见猫画虎，失败者是比葫芦画瓢。

★ 读书使人长志气，实践使人成未来。

★ 在事实之中读书，在求是之中实践。

★ 有知识走遍天涯，无学问寸步难行。

★ 世间皆学问，童叟俱吾师，千载春秋悟，一生苦探知。

★ 取不尽的财富是智慧，用不尽的力量是精神。

★ 读书提高文明，实践提高修养。

★ 拥有财富万贯，不如读书万卷。

★ 苦读长知识，苦练长功夫。

★ 学问多在留心，知识深在用心。

★ 学习前人是方法，超越前人是目的。

★ 学会举一反三，学问纵横天地。

★ 学会触类旁通，诠释天地玄机。

★ 学问无止境，学习无止步。

★ 学习是人的天职，创新是人的使命。

★ 学如大海须探索，艺似高山要攀登。

★ 学问来自勤奋，本领出自功夫。

★ 学习是知识之本，知识是智慧之源。

★ 学艺贵在精，成事贵在专。

★ 读书悟道知识新，实践悟道成果新。

★ 天天读书知识多，日日实践成果多。

★ 读书使人聪明，实践使人富有。

★ 读书使人精神文明，劳动使人物质文明。

★ 读书提高精神文明，实践提高物质文明。

★ 多读书精神文明，多实践物质文明。

★ 读书是人精神乐园，实践是人物质乐园。

★ 读书提高生活，实践创新生活。

★ 读书明白人，实践成就人。

★ 多读书知识多，多实践理论新。

★ 读书明白世界，实践创新世界。

★ 读书认识天地，实践创新天地。

★ 读书是人精神生活，实践是人物质生活。

★ 读书充实精神，实践丰富物质。

★ 读书创造精神财富，实践创造物质财富。

★ 读书创造精神文明，实践创造物质文明。

★ 读书使人精神富有，实践使人物质富有。

★ 读书充实生活，实践创新生活。

★ 读书了解历史，实践创新时代。

★ 读书的时间是成就人学校，实践的时间是成就事工厂。

★ 读书给人无穷智慧，实践给人无穷财富。

★ 知识是取之不尽的财富，智慧是用之不竭的力量。

★ 知识是人生的宝藏，实践是人生的宝库。

★ 读书使人智慧，实践使人作为。

★ 学问在读书中得到，智慧在实践中积累。

★ 学问是学习之花，智慧是学问之果。

★ 学习是手段，创新是目的。

★ 学习他人是方法，实现自我是目的。

★ 学习名人是方法，点亮自己是目的。

★ 学如大海贵在专，艺如高山贵在攀。

★ 学习知识是方法，创造世界是目的。

★ 读书是手段，实践是目的。

★ 学习前人在悟，超越前人在志。

★ 学习是领悟别人，创新是做出自我。

★ 学习前人是随从，超越前人是突破。

★ 学习前人是传承，超越前人是发展。

★ 学习前人是起步，超越前人是迈步。

★ 学习前人是起点，超越前人是目的。

★ 学习他人之长，弥补自己之短。

★ 学习前人是入门，超越前人是出门。

★ 知识给人智慧，哲学给人慧眼。

★ 学习前人之有，创造前人之无。

★ 学习前人要走进前人之中，超越前人要走出前人之外。

★ 学最好的别人，做最好的自己。

★ 学习前人是为了借鉴前人，超越前人是为了成就自我。

★ 多读书博通古今，多实践改天换地。

★ 学会不生气，努力成大器。

★ 学习前人是方法，超越世人是目的。

★ 学习前人是方法，创新自我是目的。

★ 学习前人是方法，超越世人是目的。

★ 学古知历史，温故有新悟。

★ 学习前人是读书，超越前人是创作。

★ 学习实践是手段，立异标新是目的。

★ 学会简单则不简单，践行平凡则不平凡。

★ 学习是入门知识，创新是出门知识。

★ 学习是种子，实践是花朵，创新是结果。

★ 读书在深悟，实践在放开。

★ 学问在多，学艺在专。

★ 学习他人乃死路，创造自我乃生路。

★ 读书提高境界，知识拓宽胸怀。

★ 有知识使人富有，无实践使人贫穷。

★ 知识乃科学的基础，科学乃知识的精华。

★ 知识创造生活，生活创造知识。

★ 知识来自多学，智慧来自多思。

★ 知识是智慧，智慧是财富。

★ 知识在勤奋中积累，造诣在苦练中升华。

★ 读书是成功之母，实践是成功之父。

★ 知识是学习的积累，成就是奋斗的积累。

★ 知识在学习中积累，创新在实践中诞生。

★ 知识改变命运，智慧决定人生。

★ 读书是人生起跑线，实践是人生加油站。

★ 知识是取之不尽的财富，实践是用之不竭的宝库。

★ 知识在创新中闪光，实践在创新中辉煌。

★ 知识无穷尽，实践无止境。

★ 时代要前进，理论要创新。

★ 读书无限，实践创新。

★ 文化只有不断发展，人类才有不断前进。

★ 知识从实践中产生，实践从知识中创新。

★ 知识贵在实用，实践贵在创新。

★ 知识在读书中得到，水平在实践中提高。

★ 知识在用中活，实践在创中新。

★ 知识在读书中来，成果在实践中出。

★ 知识是智慧的积累，智慧是知识的升华。

★ 知识乃创新之本，实践乃创新之源。

★ 知识创新时代，时代创新知识。

★ 读书引领时代，实践创新未来。

★ 知识是好学者的专利，财富是实践者的专利。

★ 知识出于多学，智慧出于多思。

★ 知识使人聪明，实践使人智慧。

★ 知识创新实践，实践创新知识。

★ 掌握知识富人间，运用科学改天地。

★ 读书不实践，等于没知识。

★ 自知使人聪明，无知使人愚昧。

★ 知识创造世界，科学改变世界。

★ 最富有之人是有知识，最可贵的之人是有精神。

★ 知识从书中来，功夫从苦中来。

★ 读书沉默是用心，创作沉默是专心。

★ 读书拓宽视野，知识拔高境界。

★ 读书是入门学习，创作是出门学习。

★ 读书给人很多智慧，实践给人很多方法。

★ 做人贵在读书，做事贵在实践。

★ 读书在专心，实践在创新。

★ 读书实现梦想，知识创造未来。

★ 知识是学习的结晶，财富是实践的结晶。

★ 读书在古为今用，实践在立异标新。

★ 读书在实用，实践在行动。

★ 读书贵在多，学艺贵在专。

★ 读书使人长见识，实践使人长本事。

★ 读书贵在通，知识贵在用。

★ 读书知古今，知识改天地。

★ 读书万卷知识深，实践万遍成果新。

★ 读书在深思熟虑，实践在推陈出新。

★ 读书是成功的羽翼，实践是成事的天梯。

★ 读书是起点，实践是迈步；创新是跑步，成果是终点。

★ 读书智慧无穷，劳动价值无限。

★ 读书出智慧，实践出成果。

★ 读书钻入品意妙，创作跳出立意新。

★ 读书，既充实精神世界又储蓄无形资产，实践，既充实精神世界又丰富物质世界。

★ 读书是把精神世界转化为精神财富，实践是把精神财富转化为物质世界。

★ 读书创造精神财富，精神变物质；实践创造物质财富，物质变精神。

★ 读书认识世界，实践创造世界，创新改造世界。

★ 读书是求知路，实践是创新路。

★ 读懂“舍得”二字，圆满人生百岁。

★ 读书之果在实践，实践之果在创新。

★ 读懂“舍”字者是大智，只懂“得”字者是大愚。

★ 读书是人生的起点，实践是人生的过程，创新是人生的结晶。

★ 读书知道历史，实践创新时代。

★ 读书鉴史向光明，实践创新向成功。

★ 读书在于举一反三，实践在于触类旁通。

★ 读书是学人生知识，实践是绘人生蓝图。

★ 读书放飞梦想，实践放飞人生。

★ 读书是知识的摇篮，实践是创新的摇篮。

★ 读书悟其妙，实践悟其新。

★ 读书没巧越读越通，书法没巧越练越精。

★ 读书在领悟历史，实践在创新未来。

★ 读书要钻书里，实践要跳书外。

★ 读书贵在读懂他人，创作贵在创出自我。

★ 读书是手段，实践是目的；实践是手段，创新是目的。

★ 读书改变命运，知识成就未来。

★ 穷人读书拔穷根，富人读书扎富根。

★ 穷不读书穷不尽，富不读书富不长。

★ 书本知识多教条，实践知识多创新。

★ 虚心者面前学问多，自满者肚里无知多。

★ 欲知人者先知己，欲知天外先知里。

★ 涵养来自修养，包容出于雅量。

★ 读书使人博古知今，实践使人破旧立新。

★ 博览群书高境界，攻读万卷阔胸怀。

★ 满腹经纶无俗物，一腔正气有精神。

★ 满腹雄文天地动，一腔豪气鬼神惊。

★ 智者学成功人思维，成就自己；愚者学成功人结论，仿效他人。

★ 学习人要谦卑，欣赏人要内涵。

★ 书读百遍吃下肚，字练百遍铭记心。

★ 知识创造价值，知识就是价值；知识创造财富，知识就是财富。

★ 读书在成效，实践在成果。

★ 读书贵去粗取精，实践贵推陈出新。

★ 读书贵实践，实践贵创新。

★ 读书贵从实践来，实践贵从创新出。

★ 学哲学火眼金睛，用哲学明察秋毫。

★ 多读书博通古今，多实践推陈出新。

★ 学科学观念更新，用科学天地更新。

★ 学哲学人万能，用哲学成万事。

★ 读书是学习他人，创作是塑造自我。

★ 多读书学问多，多实践成果多。

★ 做人弄通哲学，做事功贯古今。

★ 少年读书早立志，老年读书夕阳红。

★ 人生本空白，万事学中得。

★ 读书是万能的宝库，实践是万能的钥匙。

★ 字习前人是本能，超越前人是本事。

★ 活学是读书的创新，活用是实践的创新。

一生奋斗，改变命运

★ 财富姓“公”，按劳所得，知识姓“共”，按学所得。

★ 时间可以成就一切，光阴可以淘汰一切。

★ 时间是人生的无形资产，光阴是人生的宝贵资源。

★ 时间是试金石，光阴是裁判官。

★ 时间最公道，按劳分配多与少；光阴最无情，按用评判成与败。

★ 抢时日，时间是丰碑；混时日，时间是墓碑。

★ 抢光阴，时间是宝藏；混光阴，时间是荒漠。

★ 争日月，时间是天堂；混日月，时间是地狱。

★ 抢光阴，时间尽辉煌；混光阴，时间尽雾霾。

★ 财富面前人人平等，谁劳动谁拥有；知识面前人人平等，谁学习谁拥有。

★ 举一反三战天地，触类旁通斗山河。

★ 举一反三认识事物，触类旁通改造事物。

★ 举一反三是成功的摇篮，触类旁通是创新的摇篮。

★ 举一反三学以致用，触类旁通创造发明。

★ 举一反三人万能，触类旁通万事成。

★ 举一反三认识世界，触类旁通创造世界。

★ 举一反三无所不知，触类旁通无所不能。

★ 举一反三明白哲学，触类旁通成就人生。

★ 举一反三无往不胜，触类旁通所向披靡。

★ 举一反三学一及万，触类旁通知地及天。

★ 举一反三人俱知，触类旁通事皆通。

★ 举一反三出天才，触类旁通创奇迹。

★ 举一反三彻悟天地，触类旁通创新未来。

★ 举一反三博古通今，触类旁通推陈出新。

★ 触类旁通是创新的法宝，举一反三是成功的钥匙。

★ 触类旁通知古今，举一反三通天地。

★ 希望是光明之母，前进是光明之父。

★ 一生命运天难定，半百荣华已可争。

★ 天下为公天经地义，天下为私天诛地灭。

★ 天下为公者伟大，天下为私者渺小。

★ 天下为公者光荣，天下为私者可耻。

★ 天下为公者奉献，天下为私者贪婪。

★ 天下为公是清官，天下为私是贪官。

★ 心装他人伟大，心装个人渺小。

★ 心之交友如日月，物之交友如岁月。

★ 心中有希望，前程闪金光。

★ 认命倒霉一生，拼命走运一生。

★ 认命输一世，拼命赢一生。

★ 认命者贫穷，抗命者富有。

★ 认命失败一世，抗命成功一生。

★ 认命不走运，抗命走鸿运。

★ 认识自我需坦荡，改造自我需真诚。

★ 越认命人越倒霉，越抗命人越走运。

★ 今日撒下宽容种，明日收获博爱果。

★ 今朝种下满足，明日收获幸福。

★ 风雨催生艺术苗，血汗浇开艺术花。

★ 花前月下爱短，风雨同舟情长。

★ 日月淘汰一切，岁月检验一切。

★ 正能量成人成己，负能量毁己毁人。

★ 用人要疑人，疑人要用人，在用人中识别人。

★ 用感恩之心做人，用爱人之心做事。

★ 平平淡淡是生活，风风雨雨是人生。

★ 头在马上昏，心在马下清。

★ 成功人生舍中得，失败人生得中舍。

★ 成人之美是君子，乘人之危是小人。

★ 有太阳就没有黑暗，有希望就没有绝望。

★ 有趣的是奋斗，无聊的是虚度。

★ 有德无才成小事，无德有才坏大事。

★ 多思出门路，多干出成就。

★ 曲折接着光明，坎坷连着成功。

★ 先天决定人生命，后天决定人命运。

★ 行动是成功的开始，成功是行动的终点。

★ 百姓是历史的创造者，人民是历史的见证者。

★ 冲破黑暗是光明，战胜困难是成功。

★ 希望点亮生活，梦想开启人生。

★ 希望托起明天的太阳，失望遮蔽眼前的曙光。

★ 走在前人之后是死路，走在前人之前是生路。

★ 机遇天天有，有备日日得。

★ 许诺掷地有声，践诺立竿见影。

★ 劳动播种子，时间结果实。

★ 劳动是成功之父，时间是成功之母。

★ 劳动是世界之父，时间是世界之母。

★ 劳动是种子，时间是田野。

★ 劳动开花朵，时间结硕果。

★ 劳动创造世界，时间成就未来。

★ 劳动播撒快乐种，汗水浇出幸福花。

★ 走荒路留脚印，走光路没足迹。

★ 走尽曲折即光明，走出逆境即成功。

★ 沉默保护自我，张扬毁掉人生。

★ 沉默是无声的反击，张扬是无知的表白。

★ 物质财富有限，精神财富无穷。

★ 奋斗乃人生快乐的哲学，劳动乃人生幸福的哲学。

★ 埋头苦干有日月，出人头地有春秋。

★ 埋头有时日，出头有风流。

★ 埋头不容易，出头事如意。

★ 少数官员贪腐乃个人问题，多数官员贪腐及制度问题。

★ 做人问心无愧，做事一生无悔。

★ 做人不做出头人，做事要做出头事。

★ 得志莫得意，失意莫失态。

★ 挺起胸做人，俯下身做事。

★ 评说千秋功罪，倾听百姓口碑。

★ 调整自身心态，照亮自己心灵。

★ 理论在实践中升华，实践在理论中创新。

★ 理想是成功之矢，目标是成功之的。

★ 理想是成功之母，奋斗是成功之父。

★ 埋头苦干经风雨，出头露面显风光。

★ 敢想是创新之母，敢干是创新之父。

★ 找人命运算，不如拼命干。

★ 命运越卜越坏，人生越搏越好。

★ 跟着前人是守旧，超越前人是创新。

★ 前人之有我要有，前人没有我须有。

★ 借鉴前人是生路，照搬前人是死路。

★ 施舍于人勿期报，人舍于我必须还。

★ 学习一生天天纳新，实践一生天天创新，奋斗一生天天快乐。

★ 命运越算越害，人生越拼越好。

★ 利用时间者赢，消磨时间者输。

★ 要想当官留青史，除非当官不贪腐。

★ 命运不在找人算，好运在于拼命干。

★ 钱为人用钱万能，人为钱用钱万恶。

★ 好心态是笑出来的，坏心态是哭出来的。

★ 要想当官千秋颂，除非当官百姓为。

★ 张扬是人生的浮躁，沉默是人生的成熟。

★ 恭维你多是庸人，刺激你多是诤友。

★ 胸怀宽纳福，肚量大增寿。

★ 胸中无我乾坤大，心底唯人境界高。

★ 勇向前腿比路长，敢攀登人比山高。

★ 顺其自然通失败，奋发向上通成功。

★ 聪明人在舍中得，糊涂人在得中舍。

★ 得道者得人心，得人心者得天下。

★ 人有爱心世界大，心存感恩天地宽。

★ 德高孚众望，才高成大事。

★ 寂寞是人生成长的学校，埋头是人生出头的摇篮。

★ 智者厚仁薄利，愚者厚利薄仁。

★ 善思者出谋，实干者兴业。

★ 锄头越用越明，脑子越用越灵。

★ 最大胸怀是心装天下，最高境界是心中无我。

★ 静心益养生，静思益修身。

★ 教训使人反思，经验使人明智。

★ 敢想乃成功之母，敢干乃成功之父。

★ 敢想出绝招，敢干出奇迹。

★ 精神财富与天地共存，物质财富如过眼云烟。

★ 温暖在家中，伟业在天下。

★ 有缘在机遇，有分在把握。

★ 境界高起点高，胸怀大成就大。

★ 境界高在无我，胸怀大在唯人。

★ 感恩如春风抚百花，怨恨如秋风扫残叶。

★ 腹有经纶嫌业小，胸怀壮志恨天低。

★ 感恩使人舒心，怨恨使人痛心。

★ 感恩者面前阳光道，抱怨者面前独木桥。

★ 酸甜苦辣丰富物质生活，辣苦甜酸充实精神生活。

★ 一分耕耘一分获，老天不负一个人。

★ 婴儿啼哭闻世，人生创新开始。

★ 一帆风顺使人平庸，曲折坎坷使人成功。

★ 人有多大胸怀，成就多大事业；人有多大容量，可纳多大福分。

★ 一生无钱人无能，一生无仁枉为人。

★ 一笑比春暖，一哭比冬寒。

★ 一笑百花艳，一哭天地暗。

★ 情始于心动久于真诚，爱来于钟情长于心融。

★ 一个好女人能成就男人一生，一个好男人能保护女人一生。

★ 要使孩子有出息，须使从小多吃苦。

★ 人贪财物尽，鸟贪饱食亡。

★ 人贪无出路，鸟贪无生路。

★ 人贪无岁月，鸟贪无日月。

★ 做人有思路，做事有出路。

★ 人生欲成功，一生勇攀登。

★ 人生失败是认命，人生成功是抗命。

★ 人生无愧是事业有成，人生悲哀是一事无成。

★ 人生只要下功深，何愁造诣不在身。

★ 人生有执着，不怕路曲折。

★ 人生成败路，把握在今天。

★ 人生功德大，莫过千古颂；人生罪恶大，莫过千秋骂。

★ 做人成长为起点，做事成事为逗点，人生梦圆为终点。

★ 不看人做多少事，而看人成多少事。

★ 人和百事成，家和万事兴。

★ 人生各有活法，生活各有选择。

★ 为人各有千秋，处世各有所长。

★ 人生没有捷径，成功没有侥幸。

★ 人与人擦肩而过是无缘无分，人与人不约而同是有缘有分。

★ 人生前人之后，须走世人之前。

★ 人有高低之分，待人莫分贵贱。

★ 人之交往物以类聚，人之相处人以群分。

★ 人有所长己有所短，用人所长补己所短。

★ 做人如临十字路，做事选择定输赢。

★ 人生路千条，择路分成败。

★ 做事无贡献，做人枉为人。

★ 做人自知之明，做事事半功倍。

★ 做人自知之非，做事不断攀登。

★ 做人自知之非，做事战胜自我。

★ 做人自知之非，做事转败为胜。

★ 做人自知之非，做事化险为夷。

★ 人生降世，等于创新；人生一世，旨在创新。

★ 人心有希望，生活有快乐。

★ 做人在挫折中成熟，做事在教训中成就。

★ 人生欲成功，知识万事通。

★ 人人世间一过客，事事忘我留美名。

★ 人人讲奉献，美好送人间。

★ 做人每秒需慎重，做事功过在其中。

★ 人人给老人让座，个个老了都有座。

★ 刀越磨砺越利，人越磨炼越强。

★ 刀经磨砺露锋芒，人经磨炼艺高强。

★ 口碑传百代，丰碑载千秋。

★ 做人口说一万次，不如做事做一次。

★ 凡事说“不”者，不可能走向成功；凡事说“行”者，一定能走向辉煌。

★ 夕阳西下映群星，三唱金鸡东又升；老骥自知明日少，追风逐电四蹄腾。（《七绝·夕阳颂》其二）

★ 与人讲话留几句，不要全倾内心言。

★ 与其依赖别人，不如期待自己。

★ 天下为公者高尚，天下为私者渺小。

★ 天下为公，百姓为本。

★ 天天汗水滴，日日功夫长。

★ 天道则酬勤，人道则酬诚。

★ 天下没有登不上去的山，世上没有过不去的河。

★ 天公不爱无为汉，上帝善帮有志人。

★ 天道乃公道，人道乃厚道。

★ 天无绝人路，人有帮人心。

★ 天下谁主宰，民意主乾坤。

★ 天有风云可预测，人有福祸可预见。

★ 天公作美是假，人公作美是真。

★ 天地虽大，唯我者无路可走；人心虽小，为人者心装天下。

★ 成功本无路，有志则通；成事路虽多，无志难行。

★ 天越黑暗越近光明，路越曲折越接成功。

★ 天不阴没有雨，人无因没有果。

★ 天无太阳不光明，人无志气不成功。

★ 天无风云不下雨，人无努力难成事。

★ 天天追梦想，日日奋向前。

★ 天天多读书，日日长见识。

★ 天天定任务，日日向成功。

★ 天天见面不重要，心心相印才情真。

★ 天意使人相识，人意使人相知。

★ 天意使不相识人相会，人意使已相识人再会。

★ 天上掉馅饼，人为设陷阱。

★ 天地有准则，德花结善果。

★ 天天奋斗，日日快乐。

★ 天上掉馅饼是假，人为设陷阱是真。

★ 天天在奋斗，日日乐无穷。

★ 天上无馅饼，世上有陷阱。

★ 心若宽一寸，路能宽一丈。

★ 心中有阳光，处处是百花；心中有阴霾，处处是雪花。

★ 你心装他人，他人心装你；你心没他人，他人心无你。

★ 心态积极万事皆成，心态消极万事皆休。

★ 心态积极所向披靡，心态消极一败涂地。

★ 心中希望大，生活快乐多。

★ 心态是人生引擎，能量是人生载体。

★ 心态是人生开关，能量是人生动力。

★ 心态左右人生，能量左右成败。

★ 心累了换个角度看世界，压抑了换个思路来选择。

★ 你感恩世界，世界感恩你。

★ 感恩昨天，心中其乐融融；感恩明天，眼前呈现憧憬。

★ 心唯人日暖月明，心无我天高地宽。

★ 静心寻真乐，放眼得大观。

★ 心装天下者为公，心装个人者为私。

★ 心清静生活美好，心满足幸福如意。

★ 心中无尘心自静，心中无愧心自安。

★ 心中有阳光，处处是辉煌；心中有鲜花，处处是芳香。

★ 心净才能心静，心静才能心安。

★ 心态积极勇往直前，心态消极畏缩不前。

★ 心态好命运必然好，心态坏命运必然坏。

★ 心宽路也广，心狭路也窄。

★ 心宽天地阔，心窄天地狭。

★ 心存感恩快乐一生，心怀怨恨痛苦一生。

★ 心胸需要拓宽，心态需要放平。

★ 心中有矢，人生有的。

★ 心态积极则创新，心态消极则守旧。

★ 心宽路则广，心窄路则狭。

★ 心态是人的开关，能量是人的动力。

★ 心态决定行为，行为决定未来。

★ 心复杂伤人伤己，心简单乐人乐己。

★ 心平常无时不快乐，心满足无时不幸福。

★ 心态传递能量，能量改变心态。

★ 心装人人是大公，心装个人是自私。

★ 心中有百花，到处有蜂蝶。

★ 心中藏桂花，到处留芳香。

★ 心中有阳光，处处皆辉煌；心中有阴影，处处皆雾霾。

★ 心中藏幽谷，到处尽兰香。

★ 心中有个桃花源，到处皆是水云间。

★ 心态是人的灵魂，能量是人的动力。

★ 心态乐观者，向前看越走越辉煌；心态悲观者，向后看越走越暗淡。

★ 心态决定命运，能量决定成败。

★ 心中充实人快乐，心中空虚人抑郁。

★ 心中无缺叫富裕，心中充实叫富有。

★ 心慰是自己安慰自己，心烦是自己麻烦自己。

★ 心胸有多大，快乐有多少；包容有多少，幸福有多少。

★ 心态决定成败，心情决定福祸。

★ 心态好人缘就好，人缘好人脉就旺。

★ 心态好心情就好，心情好日子就好。

★ 心中有事天地小，心中无事小屋宽。

★ 心静环境净，心安身亦安。

★ 心中满足叫富裕，心中满意叫幸福。

★ 心静快乐多，心宽幸福多。

★ 不与人比富贵，要与人比平安。

★ 不与人比名利，要与人比贡献。

★ 不想做事者总有理由，想做事者总有方法。

★ 不看昨天谁是你，只看今天你是谁；不看昨天谁艰辛，只看今天谁成功。

★ 不怕困难者面前困难少，怕困难者面前困难多。

★ 不做春秋过客，要做光阴主人。

★ 不违心做人活出自我，莫违心做事心安理得。

★ 不怕人生走错路，就怕走错不回头。

★ 不为昨日过失伤感，要为明日美好喝彩。

★ 去掉心中欲望，幸福早日着陆。

★ 不远人，远了易生怨；不近人，近了易生恨。

★ 不分心小事，莫放松大事。

★ 不与君子争名，莫与小人争利。

★ 谁都没啥了不起，离谁太阳照样出。

★ 不看青发相抱，只看白发相扶。

★ 不要轻易相信人，莫要轻易伤害人。

★ 不在前人后边爬，要在前人前边走。

★ 不吃世上苦，哪知人间甜。

★ 不怕苦苦一时，若怕苦苦一世。

★ 不怕没才怕没德，不怕没钱怕没志。

★ 不怨昨天，莫贪明天，正视今天。

★ 不珍惜时间，则浪费生命。

★ 不为名利所累，怡然逍遥世间。

★ 做人，无形资产可转化为有形资产；做事，有形资产可转化为无形资产。

★ 无形资产长久，有形资产易散。

★ 成功者，是用一天做三天事；失败者，是用三天做一天事。

★ 为人要自信，不要自卑；处世要自知，不要无知。

★ 为人要讲诚意，处世要讲情义。

★ 为人敬君子，处世让小人。

★ 为人需要谦恭态度和善的心理，处世需要阳光心态换位的理解。

★ 为人有些话不说，避免伤人；处世有些理不较，避免伤情。

★ 为人入道在学习，处世出道在实践。

★ 为人入门在读书，处世出门在创新。

★ 为人需有感恩心，处世不要怨恨人。

★ 为人不争是智慧，处世宽容是解脱。

★ 认命者，命由天主宰；抗命者，命由人主宰。

★ 认命者糊涂，抗命者聪明。

★ 认命者无知，抗命者明智。

★ 认命者被命戏弄，抗命者命运自主。

★ 认识世界是方法，改造世界是目的。

★ 认命者倒霉一世，抗命者走运一生。

★ 认识一个人靠缘分，了解一个人靠耐心；感动一个人靠真诚，处好一个人靠包容。

★ 今日种下愉悦，明日收获快乐。

★ 今天的希望，就是明天的太阳；今天的失望，就是明天的雾霾。

★ 今天再落魄都莫要失望，明天太阳就是今天的希望。

★ 今日辛勤流汗，明日幸福花开。

★ 今日之事今日完，回首人生无愧颜；今日之事推明天，回首人生尽遗憾。

★ 仁人成于人，恶人绝于人。

★ 仁人为人人，恶人危人人。

★ 马上要自知之明，马下要自强不息。

★ 马下要自强，马上当自重。

★ 马需骑士鞭策，人需贵人引路。

★ 马上往往人最糊涂，马下往往人最清醒。

★ 今天之事今天做，天天有成就；今天之事明天做，天天皆成空。

★ 及时调整心态，重塑自我形象。

★ 知音不在远与近，心存彼此见真情。

★ 日日要光明，天天须前进。

★ 友情易淡不易深，朋友看透莫说透。

★ 人计较会伤害自己心，人在意会拖累自己身。

★ 为公者心装天下，为私者心装个人。

★ 反省使人进步，陶醉使人落后。

★ 反省使人自新，反思使人自明。

★ 总结昨天，成就今天，谋划明天。

★ 从无想到有是思想创新，从无做到有是成果创新。

★ 丰衣足食是物质生活的追求，健康快乐是精神生活的追求。

★ 风雨识朋友，患难见真情。

★ 风脉决定命运是假，人脉决定命运是真。

★ 风生水起是迷信，人杰地灵是科学。

★ 风雨见真情，平淡见真心。

★ 仇恨他人是折磨自己，宽容他人是解脱自己。

★ 友情需要常联系，感情需要常经营。

★ 长久之情总平淡，深沉之爱总无声。

★ 什么可以不要，快乐不能不要；什么可以失去，健康不能失去。

★ 什么都不重要，只要有人在一切都可重新再来；什么都可没有，若生命没了一切财富都是供品。

★ 开花不一定都结果，但结果一定都开花。

★ 办好百姓事，让上帝放心。

★ 太阳终轮回，阴晴无所谓；人生只一次，成败有定论。

★ 水往低处流，人向成功走。

★ 只有放弃眼前利益，才能实现远大目标。

★ 人从共赢出发，事有真诚合作。

★ 只有保证他人利，才能得到自己利。

★ 只有做事不容易，才能做人事如意。

★ 只有超越自己，才能超越别人。

★ 只有心中无我，才能造就自我。

★ 只要人让人一步，人会让人得三尺。

★ 只有读懂自己，才能读懂别人。

★ 只有你去理解人，别人才会理解你。

★ 只有大无畏，人才大有为；只有心存爱，才有春光来。

★ 只要给他人雪中送炭，才能使自己锦上添花。

★ 只有认识自己，才能认识世界。

★ 只有学习他人，才能成就自己。

★ 只有看得远，才能行得远。

★ 只有登高，才能望远；只有望远，才能行远。

★ 只有心装天下，才能行走天下。

★ 只有帮助他人，才会成就自己。

★ 只有帮助人，才能成贵人。

★ 只有人埋头，才会人出头。

★ 只有把握现在，才能成就未来。

★ 只有理论上突破，才能实践中创新。

★ 只有成功的理论，才有成功的实践。

★ 只有埋头学习，才能出人头地。

★ 只有理论成功，才能实践成功。

★ 只有勤劳之花，才有幸福之果。

★ 只有想不到的人，没有做不到的事。

★ 只有认识自己，才能接受别人。

★ 只有战胜自己，才能走向成功。

★ 只有学习无限的知识，才能创造无限的财富。

★ 只有战胜困难，才和成功有缘。

★ 只有知心，方为知己。

★ 只有天天奋斗，才是日日惜命。

★ 只有超人的意志，才有超人的成就。

★ 只有超人的付出，才有超人的回报。

★ 只要广开思路，才有广阔出路。

★ 只有远大理想，才有光辉前程。

★ 只有心存希望，才能到达光明。

★ 只有更新观念，才有创新成果。

★ 只有成就今天，才能开拓明天。

★ 只有面对困难，才能面向成功。

★ 只有身临其境，方悟其中之道。

★ 只有挑战自己，才能战胜他人。

★ 只有破釜沉舟，才能力挽狂澜。

★ 只有胸怀坦荡，才能堪当大任。

★ 只有天天无愧，才能终生无悔。

★ 只有大气磅礴的气概，才有惊天动地的创举。

★ 只有想前人没有想到的，才能做前人没有做到的。

★ 只有实现天天小目标，才能完成人生大目标。

★ 只有逆向思维，才能出奇制胜。

★ 只有进入忘我的境界，才能达到意想不到的收获。

★ 只有做好充分准备，才有把握抓住机会。

★ 只有承受住打击，才能挫折中站起。

★ 只有创新自己，才能超越别人。

★ 只有真实表现我，才是独一无二人。

★ 只有勇敢面对现实，困难才会成为踏石。

★ 只有境界高，才能作为大。

★ 只有认识世界，才能改造世；只有改造世界，才能改变世界。

★ 只要精神不滑坡，方法总比困难多。

★ 只有做好人，才能做好事。

★ 只有事成就，才能人成功。

★ 只有惜缘，才有缘分；只有惜友，才有友谊。

★ 只有努力才会改变命运，只要努力定会改变命运。

★ 只有超人的知识，方成超人的事业。

★ 只有做好小事，才会成就大事。

★ 只有失败的人生，没有失败的人类；只有破产企业，没有破产行业。

★ 人驾驭金钱，必然走向辉煌；金钱驾驭人，必然走向深渊。

★ 只有看到不足，才能不断前进；只有不断前进，才能走向光明。

★ 只有认识自己改造自己，才能认识世界改造世界。

★ 只有标新立异，才能创造奇迹。

★ 为人做事本分，必然走向成功；做事心存侥幸，必然失败不幸。

★ 只有真诚待人处事，才会真诚合作共赢。

★ 处世小心少出错，为人大胆多成功。

★ 处低谷人清醒，站高处人糊涂。

★ 时时知感恩，事事得人心。

★ 处世公道学问大，为人厚道水平高。

★ 处处有芳草，业业有精英。

★ 处事公平人神仰，为人正直魔鬼寒。

★ 礼尚往来人有价，人之交往礼有值。

★ 生命在追求，人生在奋斗。

★ 做人是减法，活一年减一岁；做事是加法，干一样加一绩。

★ 生命不息，奋斗不止。

★ 生命需要生活，生活需要快乐；快乐需要奋斗，奋斗需要理想。

★ 生命越挫越强，志气越拼越高。

★ 生活在简单中快乐，人生在知足中幸福。

★ 成事乃人成名捷径，创新乃人成功捷径。

★ 生命为人生之本，健康为生命之本。

★ 生我者父母，养我者天地；助我者朋友，成我者时代。

★ 命运在自主，人生在自创。

★ 生命宝贵岁月有限，岁月无价贵在贡献。

★ 生命乃创新，创新乃活力；人生无创新，枉活一百年。

★ 生命不是过程，奉献方为人生。

★ 生命决定人生时间，时间决定人生命运。

★ 生命苦短，没时间留给遗憾；人生有限，没必要岁月伤感。

★ 生命诞生是创新，生命意义在创新，生命价值在创新。

★ 生命只有拼出来的火花，人生没有等出来的辉煌。

★ 生气不如争气，翻脸不如翻身。

★ 吃喝乃手段，健康乃目的。

★ 生命是人生的过程，过程需精彩；死亡是人生的句号，句号要圆满。

★ 付出的越苦，得到的越甜；感恩的越多，得福报越多。

★ 胸无私欲乾坤晓，心为民忧天地知。

★ 要想当官清史留，除非执政百姓忧。

★ 做人明明白白，做事清清楚楚。

★ 人穷不怕穷，就怕志气无。

★ 付出是收获的种子，劳动是果实的花朵。

★ 付出换来的是收获，血汗换来的是成果。

★ 付出是花朵，收获是结果。

★ 正能量是成人之本，负能量是毁人之根。

★ 正能量使人前进，负能量使人落后。

★ 正能量使人成功，负能量使人失败。

★ 正能量使人天天向上，负能量使人日日消沉。

★ 用积极心态创造世界，改变世界；用宽容心态对待生活，改变生活。

★ 用他人之风头，让自己也出头。

★ 用心做人因势利导，用智做事嫁接成功。

★ 良心做人，热心做事。

★ 宁愿在前进中摔倒，不要怕摔跤而趴下。

★ 宁静是成功之本，浮躁是失败之源。

★ 宁静成就人，浮躁毁掉人。

★ 宁要钱为人奴，不要人为钱奴。

★ 对自己要有信心，对他人要有诚心。

★ 对明理之人施以恩，对无理之人施以威。

★ 发誓是骗人的圈套，誓言是骗人的谎话。

★ 包容别人是大度，借鉴别人是大智。

★ 处世平淡是境界，为人包容是胸怀。

★ 甘甜苦中出，幸福汗中来。

★ 未经清贫难成人，不经磨难难成事。

★ 田地贵在科学耕种，知识贵在实践运用。

★ 出人头地来自脚踏实地，扬眉吐气来自埋头苦干。

★ 目中无我世界大，心中无怨天地宽。

★ 左右时间是成功人，时间左右是失败者。

★ 可做平凡人，不做平凡事。

★ 占便宜失人格，能吃亏树形象。

★ 占便宜失人意，能吃亏得人心。

★ 占便宜众离弃，能吃亏孚众望。

★ 成不了大树做劲草，做不了太阳做亮星。

★ 成就事业是对追求者的回报，成就人生是对奋斗者的回报。

★ 成功是属于那些不怕失败者，失败是属于那些害怕失败人。

★ 成就事业在付出，成就人生在感恩。

★ 成事在于战胜他人，成名在于战胜自己。

★ 成功是属于不肯认输者，失败是属于自认倒霉人。

★ 成功是积极心态的产物，失败是消极心态的产物。

★ 成功的奥秘在担当，快乐的秘诀在放下。

★ 成功的人，白天拿得起夜晚放得下；快乐的人，白天看得开夜晚想得开。

★ 成败不看起跑线，而看各自转折点；胜负不看谁先干，而看最后谁坚持。

★ 成功无须超越他人，只须努力超越自己。

★ 成功者用行动控制情绪，失败者用情绪控制行动。

★ 成就他人是贵人，伤害他人是小人。

★ 成功是奋斗之果，成就是攀登之果。

★ 成功之路，贵在奋斗。

★ 成功来自科学，失败源于盲干。

★ 成功的法宝是志气，失败的根源是泄气。

★ 成功属于永不言败者，失败属于丧失信心者。

★ 成功者往往聚焦一技，精益求精；失败者往往百事皆通，无一技长。

★ 成功者做事的态度是我能干好，失败者做事的态度是我不会干。

★ 成功要借鉴经验，失败要牢记教训。

★ 成功者是今天的事情今天干，失败者是今天的事情推明天。

★ 成功向强者走来，失败向懦夫靠近。

★ 成功在志气，失败在馁气。

★ 成功之本在真诚，失败之因在虚伪。

★ 成功在立志，失败在失志。

★ 成功莫骄傲，失败莫丧志。

★ 成功于实干，失败于空喊。

★ 谋事是成事之矢，成事是谋事之的。

★ 成功之道在于心，成功之路在于行。

★ 成功不能忘形，失败不能失态。

★ 成功人是时间的主人，失败人是时间的奴隶。

★ 成功之路多坎坷，失败之路多平坦。

★ 成功属于不怕困难者，光明属于不怕曲折人。

★ 成就事业要把经典东西收藏于脑海，快乐生活要把无益事情摒弃于心扉。

★ 成功者是不在情绪上计较，只在做事上认真；失败者是不在做事上认真，只在情绪上计较。

★ 克服自己之时，就是克服困难之日；克服困难之日，就是走向成功之时。

★ 放下过去的错误，获取今天的收获。

★ 自我要求高，必然成就大；自我无所求，必然无成就。

★ 自我加压成就人生，自我超越成就大事。

★ 有钱无仁人缺德，有仁无钱人缺才。

★ 有梦才能圆，有的才有失。

★ 有德有才乃正才，无德有才乃歪才，有德无才乃庸才。

★ 有志气就会有成功，有勇气就会有奇迹。

★ 有伯乐方识千里马，有毛遂方显孟尝君。

★ 有志向人生叫蓝图，无志向人生叫拼图；无目标人生叫流浪，有目标人生叫追梦。

★ 有钱没钱不重要，对人真诚是本分；钱多钱少不重要，贡献大小是本事。

★ 有人品没文品可做人，有文品没人品难成人。

★ 有理想人睡不着，没理想人睡不醒。

★ 有缘无分何必再见，有交无诚何必再往。

★ 有希望就有追求，有理想就有奋斗。

★ 有人陪你走路，再长也是赏景；有人为你分忧，再苦也觉快乐。

★ 有谋事无成事，等于劳民伤财；无谋事欲成事，等于盲目蛮干。

★ 多彻出悟，多思出智。

★ 多看他人长，克服自己短；多看自己短，能取他人长。

★ 多思出智慧，多言惹祸事。

★ 吃喝是方法，交流是目的。

★ 能吃亏是明智的施舍，占便宜是愚蠢的占有。

★ 吃苦是人生成长的熔炉，吃亏是人生成功的台阶。

★ 吃苦是人生成就的资本，吃亏是人生成功的储蓄。

★ 吃大苦励大志，流大汗创大业。

★ 吃亏成就人生，吃苦成就事业。

★ 吃亏得人心，吃苦成大器。

★ 吃大苦成大事，吃大亏赢天下。

★ 能吃亏是明亏暗盈，占便宜是明盈暗亏。

★ 吃常人难吃之苦，成就成功之人；流常人难流之汗，成就难成之事。

★ 能吃亏是人生成功的踏石，占便宜是人生失败的陷阱。

★ 能吃亏使人成功，占便宜使人失败。

★ 能吃亏之人舍中得，占便宜之人得中舍。

★ 能吃亏之人亏中盈，占便宜之人盈中亏。

★ 吃亏使人伟大，占便宜使人渺小。

★ 能吃尽世间苦，成就人生甜。

★ 能吃亏是福，人在吃亏中成功；占便宜是祸，人在占便宜中失败。

★ 能吃亏成就人生，占便宜毁坏人生。

★ 能吃亏升华人格，占便宜失掉人品。

★ 能吃亏是聪明人的施舍，占便宜是糊涂人的误区。

★ 能吃亏是大智，占便宜是大愚。

★ 能吃亏是成功者的踏石，吃亏孚众望；占便宜是失败者的误区，占便宜失人心。

★ 能吃亏是成功者的天梯，占便宜是失败者的坟墓。

★ 吃力的路是攀登，省力的路是滑坡。

★ 光明在追求中到达，成功在追求中实现。

★ 光明是属于冲破黑暗者的，成功是属于战胜困难者的。

★ 伟大出于忘我，高尚出于奉献。

★ 伟大出于平凡，奇迹出于实干。

★ 曲折是盘山路，越过步步登高；坎坷是登天梯，踏平步步登天。

★ 曲折之路通光明，坎坷之路通成功。

★ 交四海之友，通五洲之路。

★ 交天下朋友，纳天下财富。

★ 交四海朋友，纳五洲财源。

★ 人惊人，做事平凡不平凡；事惊人，做人平常不平常。

★ 先潜心做人，后伸手做事。

★ 乐吃亏得人心，占便宜失人意。

★ 乐吃亏，在吃亏中升华人格；占便宜，在占便宜中贬值人格。

★ 世间谋事皆凭智，天下成功俱在拼。

★ 老路易走难成功，新路难行通光明。

★ 老路易走通失败，新路难行向成功。

★ 老百姓的喜怒，是上帝的好恶。

★ 机会不等人，由人抓机会。

★ 壮志不移，终会成功。

★ 做人争气不斗气，做事鼓气不泄气。

★ 利人乃爱心，利己乃私心。

★ 希望使人快乐，欲望使人痛苦。

★ 希望是明天太阳，失望是眼前雾霾。

★ 希望是人生快乐的源泉，理想是人生快乐的内涵。

★ 希望是人生前进引擎，理想是人生成功动力。

★ 寻找乐观是聪明人，保持乐观是成功人，享受乐观是幸福人。

★ 在有限生命里，没做任何贡献枉为人；在有限生命里，做出有限贡献是常人；在有限生命里，做出无限贡献是圣人。

★ 血汗凝聚成功路，艰辛换来成功果。

★ 世上没有索取的结果，天下只有付出的回报。

★ 克服守旧思想，开辟创新思维。

★ 再苦不言是胸怀，再累不语是境界。

★ 找快乐人是常看自己优势，找苦头人是常看自己劣势。

★ 时间不够用，是成功者；时间用不完，是失败者。

★ 有时间观念者成功，无时间观念者失败。

★ 时间等于金钱，光阴贵于生命。

★ 公平裁判是时间，检验一切是实践。

★ 谁珍惜时间，时间成全谁成功；谁虚度时间，时间评判谁失败。

★ 时间对人最公平，人生之差在利用。

★ 时间带不走真正朋友，风雨拆不散真心夫妻。

★ 时间如照镜，你动它也行，你停它无踪。

★ 时间不等人，成事在行动。

★ 时间如流水，成事贵在行。

★ 时间不等人，人要抢光阴。

★ 劳动是财富之父，时间是财富之母。

★ 劳动是人的价值，节俭是人的美德。

★ 劳动是创造家，时间是制造家。

★ 劳动是财富之父，节俭是财富之母。

★ 劳动充实精神丰富物质，节俭继承美德积累财富。

★ 向光明捷径是勇往直前，通辉煌诀窍是埋头苦干。

★ 走新路乃创新，走老路乃守旧。

★ 走无人走过的路，乃创新；走有人走过的路，乃守旧。

★ 走在时间前则成，跟在时间后则败。

★ 走在别人前边，就是成功；跟在别人后边，就是失败。

★ 沉默者，立于不败之地；张扬者，处于众矢之的。

★ 沉默是人以退为进的驿站，张扬是人欲进实退的误区。

★ 沉默是人韬晦与谋略，张扬是人轻浮与狂妄。

★ 沉默是人自信与超脱，张扬是人轻率与庸俗。

★ 勤劳乃财富之源，俭朴乃财富之库。

★ 财富是属于勤劳者，知识是属于勤学者。

★ 快乐在奋斗中，幸福在劳动中。

★ 快乐与幸福，是饱尝酸甜苦辣的结果；成功与辉煌，是克服艰难险阻的结果。

★ 良心是做人底线，爱心是做人境界。

★ 视时间为生命成伟人，把时间作金钱成富翁。

★ 昨天已过莫留恋，明天未到莫张望，成就万事贵今天。

★ 君子在奉献中伟大，小人在贪婪中渺小。

★ 君子重于义，小人重于利。

★ 君子重名轻利，小人重利轻名。

★ 君子讲仁义，小人讲利益。

★ 和名人相处，可拔高自己。

★ 和雅士相处，可成就自己。

★ 和成功人交往，借成功者东风。

★ 和雅士交流，圆儒雅之梦。

★ 和命运抗争者成功，听天由命者失败。

★ 和懂你人说话是减压，与不懂你人说话是无聊。

★ 财富是大家的，谁劳动谁有份；知识是共有的，谁学习谁得到。

★ 奋斗向成功，快乐在其中。

★ 奋斗一生，其乐融融。

★ 奋斗中人最快乐，无聊中人最痛苦。

★ 奋斗是幸福之花，成功是幸福之果。

★ 奋斗既充实精神，又丰富物质；劳动既创造自己，又创造世界。

★ 奋斗人生，其乐无穷。

★ 奋斗成就事业，事业成就人生。

★ 理想是人生灵魂，既充实精神生活，又到达远大目标；奋斗是人生境界，既充实精神世界，又到达理想世界。

★ 实践是手段，创新是目的。

★ 实践出科学，创新出成果。

★ 实践出新知，创新出奇迹。

★ 实践是创造世界之躯，创新是创造世界之魂。

★ 金钱美女双刃剑，做人做事须谨慎。

★ 金钱可贵易散尽，情义无价最长久。

★ 金钱是属于生命的，没有生命金钱无用；财富属于健康的，没有健康财富无用。

★ 财富有人是宝贝，金钱无人是废纸。

★ 舍是本分付出，得是圆满收获。

★ 舍得舍得，天经地义；不舍而得，天诛地灭。

★ 命不好，是失败者的遮羞布；我走运，是成功者的谦虚词。

★ 知识加实践等于创新，情商加智商等于成功。

★ 给他人以台阶，予自己以方便。

★ 给他人留面子，予自己以面子。

★ 给他人台阶下，成自己台阶上。

★ 给人好处莫张扬，欠人之情要常讲。

★ 予人笑颜暖人心，给人冷面袭人寒。

★ 给他人找台阶下，是给自己留后路。

★ 予他人吉祥，自己才安详。

★ 埋头苦干时日长，出头露面光彩多。

★ 埋头下苦功，出头有风光。

★ 埋头先做人，出头再成事。

★ 要得人不说，最好己莫做。

★ 要做能吃亏的“傻子”，不做占便宜的“能人”。

★ 要想做好事，必须做好人。

★ 要和君子讲理，不与小人争辩。

★ 贵在把握今天，没有无限明天。

★ 要想改变世界，只有掌握科学。

★ 要理想不要幻想，要志气不要馁气。

★ 要想做好任何事，必须迈好每一步。

★ 要做聪明人装糊涂，不做糊涂人耍聪明。

★ 做人需聪明与坦诚，做事需智慧与打拼。

★ 要做命运主人，不做命运奴隶。

★ 做人自知之明，做事马到成功。

★ 做人糊涂点，做事潇洒点。

★ 做人多大气度，做事多大成就。

★ 做人有诚意，做事有成就。

★ 做人有雄心，做事有恒心。

★ 做人志气高，做事成就大。

★ 真诚做人成就人，认真做事成就事。

★ 做人立大志，做事成大事。

★ 做人有耐心，做事有毅力。

★ 做人留情义，做事留余地。

★ 做人人精诚，做事事竟成。

★ 做人创意新，做事创事奇。

★ 做人乐助人，做事人乐帮。

★ 做人行善事，遇事人善施。

★ 做人乃做事之基，做事乃做人之本。

★ 做小事在勤奋，做大事在胆略。

★ 做人目标明确，做事信念坚定。

★ 做人精诚在，做事金石开。

★ 做人在志气，做事在勇气。

★ 做人没爱心，等于枉做人；为人不感恩，等于枉为人。

★ 做人缺钱可以赚，处世缺德无法行。

★ 做人只在乎在乎我者，处世不在乎我不在乎者。

★ 做人平平淡淡是境界，做事轰轰烈烈是胸怀。

★ 做人装傻子，是大智；做事成疯子，是大勇。

★ 做人没有如果，做事要讲结果。

★ 做人不争第一，做事不做第二。

★ 做人可在人后，做事要在人前。

★ 做人借望远镜朝前望，做事借显微镜仔细察。

★ 做人境界高，做事起点高。

★ 做人看得越远，做事成就越大。

★ 做人要旗帜鲜明，做事要与众不同。

★ 做人存平常心，做事干非常事。

★ 做人保持平淡之心，做事胜出高人之境。

★ 做人近君子，处世远小人。

★ 做人方向不对，做事努力白费。

★ 做人有多大胆量，做事有多大成就。

★ 做人认命倒霉，做事拼命走运。

★ 做人在境界，做事在胸怀。

★ 做人德为高，做事才为高。

★ 做人在信仰，做事靠信念。

★ 做人无愧日月，做事无愧天地。

★ 做人问心无愧，做事于心无愧。

★ 做人细心，做事认真。

★ 做事始于勇敢，成事终于坚持。

★ 做人有成功理论，做事有成功事业。

★ 做人能埋头，做事能出头。

★ 做事不做他人后，为人敢为天下先。

★ 做人有追求，做事有成就。

★ 做人做不好小事，做事做不成大事。

★ 做人意义在奉献，做事责任在创新。

★ 做人低调一点，会一步比一步老练；做事高调一点，会一步比一步卓越。

★ 做人知己知彼，做事旗开得胜。

★ 做人心要实，做事脑要空。

★ 做人可做第二，做事要做第一。

★ 做人可为人表，做事要为人先。

★ 做人要想开，做事要放开。

★ 做人不亢不卑，做事无畏无惧。

★ 做好个人的事是本能，做好大家的事是本事。

★ 做人要挺胸，做事要埋头。

★ 做人有德有成，做事无拼无成。

★ 做人心淡定，处事心镇静。

★ 做人起点高，做事成就大。

★ 做人人大气，做事成大事。

★ 做人不必太苛求，做事勿求太完美。

★ 做人做事越努力，为人处世越成功。

★ 做人为人为，遇事有人为；处世不为人，遇事无人为。

★ 做人平凡不平庸，做事大胆不大意。

★ 做人敢说不空谈，做事多思不乱想。

★ 做人敢干不盲干，做事勇敢不蛮干。

★ 做人虚心不虚荣，处世谦让不迁就。

★ 做人乐观不盲目，处世热情不冲动。

★ 做人在用心，做事在用力。

★ 做人要踏踏实实，做事要轰轰烈烈。

★ 为人要低调处世高调做事，处事要小节注意大节把握。

★ 做人沉着冷静，处事转危为安。

★ 做事日月苦，做人岁月甜。

★ 做人可为不可为决不为，做事可做不可做决不做。

★ 做人守本分不要非分，做事要认真不要任意。

★ 做事人不知须宣讲，成事众周知须谦虚。

★ 做人时时前后反思是聪明，处世事事换位思考是明智。

★ 做人生在前人之后，做事要走世人之前。

★ 做人低调举重若轻，做事高调举轻若重。

★ 做人要大气大度，做事要小意小心。

★ 做人定人生，做事成自我。

★ 做人放开才能拥有，做事突破才能成功。

★ 做人大格局，做事大成功。

★ 做人胸无一事，做事方成万事。

★ 做人守时把握人生，做事准时成就人生。

★ 做人多么大气，做事多么成功。

★ 做人要含蓄点，做事要认真点。

★ 做人为根本，做事为躯干；为人如枝叶，处世如花果。

★ 做人做事要有度，为人处世莫失礼。

★ 做人尽量要方，做事尽量要圆。

★ 做人贵在心宽，做事贵在心细。

★ 做人艺术在于争得他人同心，做事艺术在于争得他人协力。

★ 做人贵在求同存异，做事贵在同心同德。

★ 做人圆中求方，做事方中求圆。

★ 做人超前人，做事超世人。

★ 做人贵在信心，做事贵在恒心。

★ 做人要分散小事，做事要聚焦大事。

★ 做人要虚心，做事要细心。

★ 做人要谦虚，做事要自信。

★ 做人要广结善缘，做事须同心协力。

★ 做好人是纲，做好事是目。

★ 做人是做事之纲，做事是做人之目。

★ 做人要真诚，做事要坦诚；为人要坦率，处世要圆满。

★ 做人什么都可以不好，心情不可不好；做事什么都可以缺乏，自信不可缺乏。

★ 做人己短不可藏越藏越多，处世己长不可扬越扬越少。

★ 做人众人归心是情商，做事事半功倍是智商。

★ 做人有欲而不执着于欲，处世有求而不刻意于求。

★ 做人要收敛，勿大惊小怪；处世要谦让，勿高傲自大。

★ 做人无道义不可交，处事无诚意不可处。

★ 做人要承受无奈，处世须宠辱不惊。

★ 做人少回顾别等不该等的人，做事要振奋别伤不该伤的心。

★ 不是做人成功慢，而是做事放弃快。

★ 做人坚持该坚持的，做事放弃该放弃的。

★ 做人没人理解自己尽心，做事没人帮助自己尽力。

★ 做人不求事事如意，只求问心无愧；做事不求尽善尽美，只求尽力而为。

★ 做人不可全信人，做事不可指望人。

★ 做不容易之事，享事如意之乐。

★ 做人，在得意时收敛，在失败中成长；做事，在学习中前进，在拼搏中成就。

★ 做人不计较小事，做事要抓住大事。

★ 做无人做到之人，成无人做到之事。

★ 做人不生气，处事沉住气。

★ 做一个最好的自己，遇一个最好的别人。

★ 得道者成功，失道者失败。

★ 得志莫笑人，失意莫求人。

★ 得志当清醒，失意当彻悟。

★ 得志要远虑，失意莫近忧。

★ 得志要敬人，失意莫恨人。

★ 得志当虚心，失意莫灰心。

★ 得志莫狂妄，失意莫失望。

★ 得志当自重，失意莫自弃。

★ 得志莫自负，失意莫自馁。

★ 得志莫自喜，失意莫自悲。

★ 得志莫自大，失意莫自卑。

★ 得志莫忘形，失意要自尊。

★ 得道者在“舍”，失道者在“得”。

★ 得人心者在“舍”，失人心者在“得”。

★ 得意莫忘形，失意莫失态。

★ 得志时要谦让，失意时要自重。

★ 得宠莫自傲，受辱莫自卑。

★ 得意者莫亢，失意者莫卑。

★ 得志不能得意，失意不能失态。

★ 得志时近你小人多，失意时近你君子多。

★ 得意时找好退路，失意时找好出路。

★ 得到的东西是有缘有分要珍惜，失去的东西是有缘无分别惋惜。

★ 得意时要冷静，不要喜形于色；失意时要镇静，不要无精打采。

★ 得意时要比胜我之人，失意时要比我胜之人。

★ 得意之人要淡定，失意之人要坦然。

★ 得道者天下行，失道者寸步难。

★ 得意时莫炫耀，不要得意忘形；失意时莫气馁，不要无精打彩。

★ 欲要人尊重先要尊重人，欲要被人爱先要去爱人。

★ 欲望是个无底潭，金山银山填不满。

★ 欲望是怪魔，越填口越壑。

★ 欲得真功夫，须下苦功夫。

★ 欲走成功路，捷径在创新。

★ 艺术之花苦中放，造诣之果苦后结

★ 欲望是个无底坑，再多东西难填平。

★ 常想他人需，遇事他人予。

★ 常想他人无，遇事他人有。

★ 常想他人缺，遇事他人补。

★ 常想自己过，遇事方无失。

★ 常为他人好，遇事人感恩。

★ 常看阳光美，心中少雾霾。

★ 日日展憧憬，时时乐开心。

★ 常与高人交往是智慧，多与雅士相聚是品位。

★ 给人笑颜暖人心，给人冷面寒人身。

★ 给人出钱是下策，给人出力是中策，给人出谋是上策。

★ 爱心是人类的雨露，感恩是人类的阳光。

★ 爱心带来幸福，贪心自食恶果。

★ 爱施舍是聪明人，占便宜是愚蠢人。

★ 占便宜的人，捡到一根稻草失去一片森林；能吃亏的人，舍去一升谷得到一斗米。

★ 真真正正做人，认认真真做事。

★ 真理通四海，智慧走五洲。

★ 真诚者成自于人，虚伪者自绝于人。

★ 真诚昭日月，坦荡泣神鬼。

★ 真诚是人与人由相识到相知的桥梁，感恩是人与人由相知到相亲的阶梯。

★ 真爱是无私的奉献，假爱是欲望的占有。

★ 美好属于自信者，机会属于开拓者，奇迹属于勇敢者。

★ 新是艺术的灵魂，美是艺术的生命。

★ 想让人喜欢，先要喜欢人。

★ 想不开就丢开，惹不起就回避。

★ 实践是创新之本，创新是奇迹之本。

★ 倾听他人讲话，是人的文明与修养；打断他人讲话，是对他人的无礼与伤害。

★ 人有信仰、信心、信念，则可成人，事有努力、毅力、定力，则可成事。

★ 信仰是人生的起点也是过程，信心是人生的动力也是毅力，信念是人生的定力也是终点。

★ 信仰是人生的灵魂，信念是人生的坐标。

★ 若能包容多少人，就能成就多少事。

★ 你把别人放在眼里，别人把你放在心里。

★ 你把真诚给他人，他人对你更真诚。

★ 你把他人当回事，他人对你才在乎。

★ 你对生活热情，生活给你快乐；你对生活冷漠，生活给你痛苦。

★ 你把真心给他人，他人对你才动心。

★ 你是如何对人，人会加倍对你。

★ 你不坦诚谁会对你真诚，你不真心谁会对你交心。

★ 你若敬人一尺，人会敬你一丈；你给人一温暖，人还你一春光。

★ 你给他人几分爱，他人回你爱几分。

★ 你拿心铭记人，人用命珍惜你。

★ 信任你人不能骗，真爱你人不能伤。

★ 信誉即生命，失信即亡命。

★ 高智商谋事事半功倍，高情商成事旗开得胜。

★ 信任如水浑了难清，真情如镜破了难圆。

★ 高智商谋事知己知彼，高情商做事百战百胜。

★ 做人沉默是自信，做事沉默是实干。

★ 传递正能量是人生成功的过程，传递负能量是人生失败的过程。

★ 传播正能量，践行真善美。

★ 侮辱是有志者前进路上的防疫站，打击是有志者成功路上的加油站。

★ 借他人之光，让自己发亮。

★ 借鉴他人成功经验，是成就自己的明镜；汲取他人失败教训，是成就自己的捷径。

★ 侥幸万事空，实干万事成。

★ 倒霉是卜来的，走运是拼来的。

★ 保守他人秘密，博得他人信任；泄露他人隐私，必得他人反感。

★ 排除心中不悦，快乐自然盈心。

★ 拼搏一生春夏秋冬，赢得一世无悔人生。

★ 拼搏打通成功路，血汗浇开成功花。

★ 提高生命价值，扩大人生格局。

★ 抬举他人自伟岸，蔑视他人自渺小。

★ 挫折增才干，磨难长志气。

★ 挫折长见识，磨难砺意志。

★ 挫折是人生成功的学问，磨难是人生成功的经典。

★ 搭名人顺风车，成自己之名人。

★ 诚信之人如黄金，失信之人如粪土。

★ 诚信只有一次，别拿谎言挑战；真情只有一回，别拿虚假敷衍。

★ 诚信者信步天下，失信者难行半步。

★ 识人重在言与行，用人重在德与才。

★ 英雄力挽狂澜，狂澜造就伟人。

★ 苦与甜是孪生姊妹，怕苦难尝甜；输与赢是同胞兄弟，怕输不会赢。

★ 受苦是成人的良药，吃苦是成事的良药。

★ 受苦使人成长的生活，吃苦使人成功的生活。

★ 若以武力压制人，不如微笑征服人。

★ 若徘徊在一条路，不如再择新路走。

★ 若逼他人走绝路，必使自己没退路。

★ 若要人理解先要理解人，若要人宽容先要宽容人。

★ 若要人点赞，先要点赞人；若要人鼓掌，先为人唱彩。

★ 要想改变他人，首先改变自己。

★ 若无法改变世界，就只有改变自己。

★ 灯红酒绿让人陶醉，曲折坎坷使人奋进。

★ 情商高者能孚众望，智商高者能谋大事。

★ 忙碌是一种快乐，使人没时间寻找烦恼；奔波是一种幸福，使人真实感受生活。

★ 汽车前进得加油，人生前进得学习。

★ 清官洁身自爱，赃官贪污腐败。

★ 清官为国为民，贪官为家为己。

★ 清官勤政可歌，赃官贪污可骂。

★ 清官为人民，贪官为个人。

★ 洞察他人之需，拓展利我之门。

★ 污蔑使人反思，打击使人成熟。

★ 淡定难以淡定之事，是人生最高境界；包容难以包容之人，是人生最宽胸怀。

★ 淡定是境界，镇静是胸怀。

★ 浪费无小事，节约是大事。

★ 做人没有时间表，做事难有好结果。

★ 没有正确的思考，不会有正确的结果。

★ 没上悬崖峭壁不叫攀登，没经过痛苦烦恼不叫人生。

★ 没有跨越不了的坎，只有无法逾越的心。

★ 没有时间观念，必然一事无成。

★ 理论加实践，等于人成功。

★ 理论加实践，就是在创新。

★ 理论源于实践，理论指导实践；实践需要理论，实践创新理论。

★ 理想在追求中，成功在奋斗中。

★ 理想是幸福之种，耕耘是幸福之花。

★ 理想是人生成功的灵魂，目标是人生成功的动力。

★ 理解他人心思，赢得他人欣赏。

★ 若理解你人不会弃你，不理解你者挽留无益。

★ 理论创新是实践创新之母，实践创新是成果创新之母。

★ 珍惜光阴，就是珍惜生命；利用光阴，就是成就人生。

★ 埋头做好人，出头做好事。

★ 坦坦荡荡做人，踏踏实实做事。

★ 地在人耕，事在人为，理在人悟。

★ 培养健康心态，瞄准成功目标。

★ 坎坷增强信心，挫折坚定信念。

★ 坎坷是门槛迈过是辉煌，曲折是曲径越过是光明。

★ 坎坷是走向成功的踏石，曲折是走向光明的发条。

★ 坎坷是人生走向成功的财富，曲折是人生走向成功的资本。

★ 细心少出错，胆大多成功。

★ 经得起风吹雨打，能建树千秋大业。

★ 标新立异大有建树，循规蹈矩没啥作为。

★ 标新立异向成功，因循守旧通失败。

★ 检点使人进步，放纵使人堕落。

★ 相交需要理解，相处需要默契。

★ 相遇在有缘，相交在有分。

★ 相遇的人一天很多，相依的人一生很少。

★ 悠悠人生路，条条需创新。

★ 忘我者孚众望，唯我者失人心。

★ 总结昨天，战胜今天，挑战明天。

★ 意志在一帆风顺减弱，斗志在大风大浪增强。

★ 想被人理解，先去理解人；想被人宽容，先去宽容人。

★ 想得到难以得到的东西需大智，想放弃难以放弃的东西需大勇。

★ 忍耐的寂寞越大，成功越伟大；忍耐的寂寞越长，成事越辉煌。

★ 忍耐寂寞是人的胸怀，埋头修炼是人的境界。

★ 思想如花朵，想到就结果。

★ 思想是万能之种，行动是万能之花。

★ 思想乃人生言行的开关，言行乃人生做事的指南。

★ 思想左右心态，心态左右能量。

★ 思想决定能量，能量决定成败。

★ 遇到好处就伸手，得利失道；遇到难处就伸手，舍利得道。

★ 追求美好生活，奋斗激扬人生。

★ 追求是成功之种，成功是追求之果。

★ 追求是希望，奋斗是理想。

★ 遍地有机遇，到处可成功。

★ 逆耳之言是良师，顺耳之言非益友。

★ 道德是人生富有的资本，缺德是人生贫穷的根源。

★ 运用感情投资，收获一本万利。

★ 选对事业可以成就一生，选对朋友可以成功一生。

★ 选对爱人幸福一生，选对事业辉煌一生。

★ 要想当英雄，须往虎山行。

★ 要命不要钱是傻子，要钱不要命是疯子。

★ 要做别人不敢想之人，要做别人不敢做之事。

★ 社会在创新中发展，人类在创新中进步。

★ 贪心食恶果，爱心得善果。

★ 青壮时无愧，老来事无悔。

★ 占便宜使人贬值，能吃亏使人增值。

★ 乐吃亏使人富有，占便宜使人贫穷。

★ 造诣乃意志的结晶，意志乃造诣的生命。

★ 物质帮人治标，精神帮人治本。

★ 登高峰瞻望未来，处低谷彻悟人生。

★ 承受寂寞苦练时日，是成就艺术家的座右铭。

★ 困难似弹簧，若软它就强；意志似弹簧，若压它就扬。

★ 命运最公平，成败在人定。

★ 事实乃决策成事的根据，求是乃实现成功的指南。

★ 能屈能伸是人龙，光伸不屈是蠢物。

★ 逆境出人才，顺境出庸人。

★ 宝剑在磨砺，人生在磨炼。

★ 帮助一个人，赢得众人心。

★ 国以百姓为重，百姓以国为家。

★ 祖国比天大，人民是上帝。

★ 前人失败吸教训，后人成功贵借鉴。

★ 闯新路出新人，走老路出俗人。

★ 闯新路等于前进，走老路等于倒退。

★ 常自我战胜，搞自我革命。

★ 重选择决定成功，能放弃避免失败。

★ 梦想在追求中圆，目标在奋斗中达。

★ 敬人犹敬己，损人犹损己。

★ 实践是人生的实验室，创新是人生的闪光点。

★ 实话需要巧说，坏话需要好说。

★ 洗耳恭听他人讲话得人心，高谈阔论对人讲话讨人嫌。

★ 真诚做人，坦荡做事。

★ 艰辛磨炼意志，节俭增加财富。

★ 艰苦环境激励人奋发向上，优越环境陶醉人无所作为。

★ 奉献者高尚，索取者渺小。

★ 奉献者则仁人，贪欲者则恶人。

★ 积累知识在读书，使用知识在实践。

★ 高尚出于道德，伟大出于奉献。

★ 爱心暖天地，怨恨寒日月。

★ 路路通北京，道道向成功。

★ 梦在追求中圆，事在奋斗中成。

★ 智者是财富之主，愚者是财富之奴。

★ 困难是强者的冲锋号，坎坷是弱者的拦路虎。

★ 经验是成功的明镜，教训是成功的捷径。

★ 精神易使人充实，物质难使人满足。

★“难得糊涂”是对聪明人而言，“莫耍聪明”是对糊涂者而言。

★ 金钱是人享受的条件，健康是人享受的目的。

★ 勇气是成功的基石，恐惧是失败的根源。

★ 梦想描绘憧憬，奋斗通向辉煌。

★ 智者重于德，愚者重于财。

★ 发现机遇在慧眼，抓住机遇在果断。

★ 困境机遇多，顺境陷阱多。

★ 人多思有法，事多干有成。

★ 梦想是起点，追求是过程，目标是终点。

★ 劳动是幸福之种，辛苦是幸福之花，收获是幸福之果。

★ 明白人在深悟，成就人在实干。

★ 梦贵于圆，人贵于拼。

★ 科技无顶峰，强国永攀登。

★ 梦想在追求，梦圆在奋斗。

★ 好人越富越好，坏人越富越坏。

★ 辉煌在奋斗中，光明在前进中。

★ 战胜自己之时，走向成功之日。

★ 战胜他人易，战胜自己难。

★ 昨天是成功的起跑线，今天是成功的加油站，明天是成功的终点站。

★ 放手昨天的，做好今天的，放眼明天的。

★ 留恋昨天，耽误今天；虚度今天，殃及明天。

★ 欣赏别人是境界，善待别人是胸怀；学习别人是智慧，借鉴别人是收获。

★ 昨天的事不要留恋，明天的事不要张望，今天的事不要放松。

★ 放弃昨天，抓住今天，瞄准明天。

★ 站高处莫傲视低处之人，处低处莫仰仗高处之人。

★ 贵人不在身份高低，在高尚；施舍不在财富多少，在爱心。

★ 看穿不说穿，顾全他人面。

★ 设宴会宾朋，相聚情义浓；吃喝是平台，享受在交流。

★ 人缘是通途，人脉是财源。

★ 朋友是道路，友谊是财富。

★ 朋友是互惠的，真诚是互相的。

★ 做人之差在志气，做事之差在恒心。

★ 能耐住寂寞的人才出众，耐不住寂寞的人被淘汰。

★ 哪里有朋友哪里就有路，哪里有朋友哪里就有财。

★ 前怕得到“担不起”者难成事，后怕失去“伤不起”者难了事。

★ 种下愉悦收获快乐，种下满足收获幸福。

★ 奋斗创造精神，奋斗创造物质，奋斗创造快乐，奋斗创造幸福。

★ 舍者得道，得者失道。

★ 舍不得该舍的，得不来想得的。

★ 舍不得尤物，套不住恶狼。

★ 舍得是为人的美德，厚道是为人的品德。

★ 命运真奇怪，越信命越坏。

★ 逆耳言使人清醒，顺耳言使人糊涂。

★ 逆耳言使人进步，顺耳言使人落后。

★ 青年要激情，中年要热情，老年要温情。

★ 事业需要激情，生活需要热情。

★ 能吃黄连苦，方赢人生甜。

★ 愿做简单人，不做简单事。

★ 容忍小事，则成大事；容忍大事，则成大器。

★ 相识在于“缘”，相知在于“分”。

★ 灵感来于细心感悟，创作在于大胆想象。

★ 事要做得漂亮，人要说得精彩。

★ 展望美好憧憬，培养积极心态。

★ 坚持自我是成功，效仿他人是失败。

★ 创造自我，失败也是成功；效仿他人，成功也是失败。

★ 最有价值的人，是死了还活在人心中；最无价值的人，是活着在人心中已死了。

★ 跟着别人走，永远没成功；闯出自己路，条条向光明。

★ 积极心态产生正能量，消极心态产生负能量。

★ 烦恼了换个思维去排除，怨恨了换个位置看问题。

★ 算计他人也折磨自己，善待他人亦快乐自己。

★ 很要“面子”的人，往往无面子；能舍“面子”的人，往往长面子。

★ 便宜是圈套谁“占”谁上当，吃亏是积德谁“吃”谁得道。

★ 对他人错不要挑剔，对自己错不要护短。

★ 能舍“面子”，才撑起面子；死要“面子”，才毁掉面子。

★ 敢舍“面子”者，舍下一时成就一生；死要“面子”者，糊弄一时毁掉一生。

★ 精神是幸福之本，物质是幸福之基。

★ 物质富有叫富裕，精神富有叫幸福。

★ 放下身段道路越走越宽，埋头苦干幸福越走越近。

★ 挑战他人生命才有火花，挑战自己人生才有辉煌。

★ 须知人心要试探，看透人心在迂回。

★ 物质诚可贵，精神价更高。

★ 眼睛半睁半闭，感情越来越近。

★ 要为“人上人”，先做“人下人”。

★ 看透莫说透，好为人；看穿莫说穿，好处世。

★ 为人看破莫说破，是智慧；处世看清莫说清，是涵养。

★ 青山踏遍身尤健，壮志霜翁奋向前。莫道夕阳将欲坠，回眸一笑映红天。（《七绝·夕阳颂》其一）

★ 人生哲学乃奋斗，成功哲学须奋斗；健康哲学在奋斗，快乐哲学贵奋斗。

★ 起步虽在前人后，迈步要在世人前。

★ 条条道路通北京，条条道路通成功。

★ 积极心态给人幸福，消极心态给人痛苦。

★ 拿出脾气叫本能，压下脾气叫本事。

★ 算计他人，先折磨自己；善待他人，先快乐自己。

★ 看穿莫说穿，破镜可再圆。

★ 施恩莫期报，期报事其反。

★ 视时间为生命者大成，视时间为金钱者小成，视时间如流水者难成。

★ 重视时间者时间成全你，忽视时间者时间淘汰你。

★ 欣赏他人是境界，善待他人是胸怀。

★ 帮助别人是快乐，学习别人是智慧。

★ 赞美别人是智商，感恩别人是情商。

★ 谁认命谁倒霉，谁抗命谁走运。

★ 引路靠贵人，走路靠自己；成长靠学习，成功靠奋斗。

★ 若是战胜自己之日，就是走向成功之时。

★ 战胜他人是向人挑战，战胜自己是自我革命。

★ 克服守旧观念，展开创新思维。

★ 命运不在预卜，人生在于拼搏。

★ 遇到爱你的人学会感恩，遇到你爱的人学会付出。

★ 面对嫉妒你者，学会低调；面对你嫉妒者，学会迂回。

★ 能吃亏是福气，爱施舍是贵人。

★ 视时间为金钱可成百万富翁；视时间为生命可成天下大业。

★ 远看青山描盛世，近观绿水扮中华。

★ 往长处看人，从短处看己。

★ 狂妄者得意一时失败一世，忍让者失意一时得胜一世。

★ 狂妄人毁掉自己，忍让者成全人生。

★ 厚着脸皮做人是大智，硬着头皮做事是大勇。

★ 积极心态给人幸福，消极心态给人痛苦。

★ 欣赏自己拥有人愉悦，珍惜身边幸福人快乐。

★ 量小难交友，度大易聚朋。

★ 放下是人明智的选择，放弃是人愚昧的决策。

★ 忘掉一切是寻找快乐的捷径，感恩一切是寻找幸福的捷径。

★ 命，是失败者的借口；运，是成功者的谦辞。

★ 宽容他人自己轻松，怨恨他人自己痛苦。

★ 真正感情在于一颗珍惜的心，真正福气在于一颗感恩的心。

★ 背后为你做事是你真正的朋友，当面对你阿谀奉承是你真正的敌人。

★ 命运越算运气越坏，人生越拼命运越好。

★ 拿出脾气发火是本能，压下脾气发笑是本事。

★ 简单之事重复做是专家，重复之事用心做是赢家。

★ 放弃该放弃的就轻松，坚持该坚持的就成功。

★ 拿一秒钟当一点钟用者，干啥啥成；拿一点钟当一秒钟用者，干啥啥败。

★ 昨天之因乃今天之果，明天之果乃今天之因。

★ 努力者不一定都成功，但成功者一定都努力。

★ 敢想敢干者不一定都有成果，但成果永远来自敢想敢干者。

★ 受辱不言是胸怀，受宠不惊是境界。

★ 哭着来世做人是先天定，笑着走过一生是自己定。

★ 舍去有限的东西，方得无限的财富；舍去有限的眼前，方得无限的未来。

★ 梦想是人生的希望，理想是人生的蓝图。

★ 路再长也有终点，夜再长也有尽头。

★ 选择决定命运，环境造就人生。

★ 养成好习惯，形成好心态；养成好心态，形成好命运。

★ 语言是人思想，行动是人方向。

★ 改变可能改变的一切是大勇，适应不能改变的一切是大智。

★ 再爱的人都有离去之时，莫惋惜，再美的梦都有惊醒之时，要明白。

★ 再好东西都有失去之时，勿伤感；再深记忆都有淡忘之时，勿留恋。

★ 该珍惜的东西不要放手，失了可惜，该放弃的东西不要挽留，留下无用。

★ 事做错就要改正，坚持下去铸成大错；事做对就要坚持，坚持下去就是成功。

★ 事不多思终难成，人能百忍终无忧。

★ 客观看世界者，心若精神家园；主观看世界者，心若一片荒漠。

★ 幸运是在努力中降临，快乐是在奋斗中尝到。

★ 疲惫是一种别有风味的享受，使人无暇空虚；磨难是一次触目惊心的经历，使人感悟人生。

★ 功名利禄要看淡，成败得失勿看重。

★ 高智商谋事深思熟虑，高情商成事马到功成。

★ 事业无须惊天动地有成就行，金钱无须取之不尽够用就好。

★ 越是没人爱越要爱自己，越是有人爱越要感恩人。

★ 原谅他人化干戈为玉帛，原谅自己化忧伤为愉悦。

★ 饭局交流架金桥，幸会有缘有分人。

★ 才艺是七分天赋三分人赋，造诣是七分人赋三分天赋。

★ 才思是七分天赋三分人赋，才干是七分人赋三分天赋。

★ 谁歌颂人谁也出名，谁毁灭人谁也被毁。

★ 宽容他人也等于宽容自己，宽容自己也等于宽容他人。

★ 青发相爱多本能，白发相爱多本分。

★ 帮人得到得不到的东西，你也得到得不到的东西。

★ 放下过往不困于情，不畏未来不乱于心。

★ 厚厚道道做人，周周到到处世。

★ 受赞扬沉默是谦虚，受打击沉默是镇静。

★ 简单是快乐之母，如意是幸福之母。

★ 为名人唱赞歌，成自己之名望。

★ 为名人点赞，扬自己名声。

★ 乘名人顺车，沾名人光辉。

★ 积柔之多则刚，积弱之多则强。

★ 积极调整心态，塑造自我形象。

★ 积极是一种心态，消极是一种心病。

★ 积极思想产生正能量，消极思想产生负能量。

★ 胸怀决定业大小，境界决定功高低。

★ 胸怀坦荡成大事，心胸狭窄毁人生。

★ 顺境使人陶醉，逆境使人奋发。

★ 胸无杂念乾坤晓，心有真情天地知。

★ 顺境使人惰落，逆境使人奋进。

★ 顺境埋葬意志，逆境激扬斗志。

★ 顺其自然者，得到的是岁岁减岁月；努力拼搏者，得到的是年年加业绩。

★ 顺其自然者，过的是减法日日减寿限；努力奋斗者，过的是加法天天加业绩。

★ 追求是成功之动力，放弃是失败之根源。

★ 追求使人前进，满足使人倒退。

★ 前进向光明，奋斗向成功。

★ 前人之有要传承，前人之无要发展。

★ 前进不一定都光明，但光明属于前进者的；奋斗不一定都成功，但成功属于奋斗者的。

★ 前进目标是光明，奋斗目的是成功。

★ 前途光明，曲折是走向光明的螺旋桨；成功辉煌，坎坷是走向成功的垫脚石。

★ 能用德高才疏者，不用缺德才高者。

★ 能屈者才能伸长，忍辱者才能负重。

★ 能吃苦者苦一时，怕吃苦者苦一世。

★ 爱心先暖自己身，怨恨先伤自己心。

★ 爱计较的人，心如口袋越计较越沉重；能宽容的人，心如漏斗越宽容越轻松。

★ 爱至情深情易累，保持距离爱完美。

★ 爱国是真正爱家，爱人是真正爱己。

★ 谋事在多思，成事在多干。

★ 谋事在智力，成事在定力。

★ 谋事在智慧，成事在实干。

★ 谋事在智商，成事在情商。

★ 谋事在缜密，成事在快捷。

★ 谋事在多思，成事在多做。

★ 谋事在于人，成事在于人。

★ 谋事在智慧，成事在拼搏。

★ 谋事在敢想，成事在敢干。

★ 谋事在才能，成事在才干。

★ 谋事在用心，成事在用力。

★ 谋事在智慧，成事在努力。

★ 谋事在智力，成事在魄力。

★ 谋事要成事，成事要谋事。

★ 谋事不成事，败事枉费心。

★ 谋事是因，成事是果。

★ 谋事是手段，成事是目的。

★ 谋事是成事起点，成事是谋事终点。

★ 聪明人在自找快乐，愚蠢人在自找烦恼。

★ 聪明者得理也让人，愚蠢者无理辩三分。

★ 聪明人懂得争气，愚蠢人只会生气。

★ 勤劳者益寿，懒惰者伤身。

★ 勤劳乃生命之花，幸福乃生命之果。

★ 磨难是弱者坟墓，曲折是强者摇篮。

★ 寂寞是成功的朋友，浮躁是失败的朋友。

★ 寂寞修炼人，坎坷历炼人。

★ 寂寞是人成功的途径，埋头是人出头的途径。

★ 寂寞能忍见光明，坎坷能过向成功。

★ 寂寞向成功，埋头向光明。

★ 智慧出多思，成就出多干。

★ 智者厚义薄利，愚者薄义厚利。

★ 智慧加行动，等于人成功。

★ 智者在退中进，愚者在进中退。

★ 智者有事求自己，愚者有事求别人。

★ 智者举重若轻，愚者举轻若重。

★ 智者舍中得，愚者得中舍。

★ 智商高谋事高瞻远瞩，情商高成事事半功倍。

★ 智商高谋事万无一失，情商高成事百战不殆。

★ 智商高多谋善断，情商高万众归心。

★ 善待他人先温暖自己，恭敬他人先抬高自己。

★ 善者通达天下，恶者自绝于人。

★ 善良过了头就是缺心眼，包容过了度就会被蛇咬。

★ 锄草要除根，得人要得心。

★ 最有价值的财富是心无私，最宝贵的精神是人无畏。

★ 静心能听万物之声，清心能看万物之本。

★ 谦让退让方显大气，宽容包容方显大度。

★ 遇到麻烦莫抱怨，越抱怨心越烦；遭到打击莫怨恨，越怨恨仇越深。

★ 遇惊喜沉默是淡定，遇痛苦沉默是镇定。

★ 遇事不让他人亏，处事方能自己盈。

★ 做人顾全他人利益，做事他人同心协力。

★ 遇事先替他人想，论人先要自我量。

★ 遇事三思少失败，处事果断多成功。

★ 遇事不生气，处事险为夷。

★ 遇事不懂人可学，做事装懂事蹉跎。

★ 遇事为人先一步，做人处世高一筹。

★ 遇事认真思考，做事大胆创新。

★ 游山不绘春秋画，览水无谱日月歌。

★ 成事先成人，聚财先聚人。

★ 吃喝玩乐，是人享受的办法；健康快乐，是人享受的目的。

★ 简单之事认真做成不简单人，平凡之事用心做成不平凡人。

★ 教训从失败中得，经验从成功中来。

★ 强者在风浪中浮出，懦夫在风浪中沉下。

★ 探索可创新，创新出奇迹。

★ 虚情留不住，真心总会在。

★ 虚心孕育成功，骄傲导致失败。

★ 最富有人是得道，最贫穷人是失道。

★ 敬神不如敬人，求人不如求己。

★ 拜佛不如拜人，敬天不如敬人。

★ 艺术反映境界，境界决定艺术。

★ 新路出成就，老路出俗物。

★ 敢字当头成在其中，怕字当头败在其中。

★ 敢想出奇招，取干出奇迹。

★ 意志在磨炼中增强，成功在磨炼中孕育。

★ 强者面前困难少，懦夫面前困难多。

★ 踏踏实实做人，轰轰烈烈做事。

★ 遛过的马不一定都是千里马，但千里马都是遛出来的；练过书法的人不一定都成书法家，但书法家都是练出来的。

★ 精神财富与天地共存，物质财富如过眼云烟。

★ 赞扬他人要直说，挖苦他人要婉转。

★ 微笑可熔铁，热情可化冰。

★ 避开矛盾是高人，化解矛盾是能人，激化矛盾是蠢人。

★ 珍惜人才有情义，感恩人才有真情。

★ 境界在忘我中提高，胸怀在奉献中拓宽。

★ 忘我胸怀比海大，唯人境界比山高。

★ 境界需要拔高，胸怀需要放宽。

★ 踏平坎坷，坎坷连成功；跃过曲折，曲折接光明。

★ 感恩者眼中是百花，抱怨者眼中是冰霜。

★ 感恩使人快乐，怨恨使人痛苦。

★ 感恩之人处处是阳光，抱怨之人处处是阴霾。

★ 感恩如阳光普照，怨恨如阴霾降临。

★ 感恩是快乐之种，怨恨是痛苦之根。

★ 感恩使心宽，怨恨使心窄。

★ 感恩是倍增法，越感恩恩越多；惜福是倍增法，越惜福福越多。

★ 感恩像太阳，温暖自己照亮他人；怨恨像魔鬼，折磨自己伤害他人。

★ 感恩得到的是加倍福报，怨恨得到的是加倍痛苦。

★ 感恩是交朋友的法宝，怨恨是伤友情的魔鬼。

★ 感恩易交人处人，怨恨易害人伤己。

★ 感恩益人利己，怨恨伤人害己。

★ 感恩爱你人，付出你爱人。

★ 感恩之心是阳春，抱怨之心是寒冬。

★ 感恩朋友与你风雨同舟，感恩敌人使你百炼成钢。

★ 堕落者上帝不容，拼搏者天公施舍。

★ 敢攀登才能达高峰，破黑暗才能见光明。

★ 福报是感恩之果，痛苦是怨恨之果。

★ 奋斗苦生乐，享受乐生悲。

★ 感恩人己心慰，原谅人己心宽。

★ 帮人成自己，伤人毁自己。

★ 难做惊天动地人，须做惊天动地事。

★ 难做一鸣惊人之人，要做一鸣惊人之事。

★ 天天奋斗，日日快乐；奋斗一生，其乐无穷。

★ 天下地宽无德难容身，世上路多无诚难行走。

★ 有德天下走，有志世上行。

★ 有诚通四海，有信行五洲。

★ 谋事是成事的先导，成事是谋事的实施。

★ 既用人又疑人，既疑人又用人，在用中鉴别人。

★ 有天赋加人赋成大事，无天赋有人赋成小事。

★ 金钱人主钱万能，人无健康钱无能。

★ 不做温室娇草，要做雪山劲松。

★ 做人理论新，做事事迹奇。

★ 做人天才加人才人成功，做事天赋加人赋事成就。

★ 做事吃得时日苦，做人方尝岁月甜。

★ 梅花奇葩寒中放，艺术奇花苦中香。

★ 做人不生气能谋大事，做事多争气能成大事。

★ 做人敢想理论新，做事敢干事迹奇。

★ 做人敢闯创新路，做事敢闯创大业。

★ 铁杵磨针在毅力，滴水穿石在执着。

★ 看猫画虎是超越，比葫芦画瓢是爬行。

★ 看猫画虎柳暗花明，比葫芦画瓢山穷水尽。

★ 看猫画虎是阳关道，比葫芦画瓢是独木桥。

★ 要做看猫画虎的促进派，不做比葫芦画瓢的守旧派。

★ 创新是生命的火花，守旧是人生的暗淡。

★ 创新使生命红似火，守旧使人生暗如霾。

★ 创新使人生辉煌，守旧使人生惨败。

★ 创新使人柳暗花明，守旧使人山穷水尽。

★ 青少年吃苦可使思想健康奋发向上，中老年吃苦可使身体健康生活快乐。

★ 成功者是看猫画虎触类旁通，失败者是比葫芦画瓢死搬教条。

★ 理论创新是做人的成功，实践创新是做事的成功。

★ 做人不生气，做事会争气；做事会争气，做人成大器。

★ 造诣是功夫的积累，成就是勤奋的积累。

★ 苦与甜是孪生兄弟，能吃苦方能尝甜；成与败是孪生姊妹，不怕败才能成功。

★ 天赋人生苦与甜，吃苦得甜顺自然。

★ 有德者得天下，无德者失一生。

★ 少年有志建业早，老年有志晚霞红。

★ 苦甜转化赋人生，不苦而甜天不容。

★ 创新是做人的责任，奉献是做人的使命。

★ 受苦使人成长，吃苦使人成事。

★ 思想决定意识，意识决定行动。

★ 喷泉有压力而飞天，滴水因执着而穿石。

★ 瀑布无退路而勇往直前，喷泉有压力而奋发向上。

★ 百岁无如果，万事讲结果。

★ 想如果使人懊悔，讲结果使人奋进。

★ 逆耳言使人明智，顺耳言使人陶醉。

★ 逆耳话成就人，顺耳话毁掉人。

★ 有德者越富越善，无德者越富越恶。

感悟人生，与时俱进

★ 做人宁可事做过了不成，做事不可人错过了后悔。

★ 为天下百姓谋幸福是伟人，让天下百姓享太平是圣人。

★ 劳动是财富之父，时间是财富之母。

★ 学习前人是后人的责任，超越前人是后人的使命。

★ 学习前人是承前启后，超越前人是推陈出新。

★ 奋斗是成功之父，时间是成功之母。

★ 不是人没出头日，而是人没埋头时。

★ 不是人生不出头，而是人生不埋头。

★ 人格等于人生命，信誉等于人命运。

★ 人生成就事业，事业成就人生。

★ 无我者成就我，唯我者毁掉我。

★ 无欲者清醒，贪心者糊涂。

★ 用心吃喝健康，用嘴吃喝伤身。

★ 书本知识多教条，实践知识多真知。

★ 只有无愧一日，才能无愧一世。

★ 只有无愧一时之人，才有无愧一世之事。

★ 只有厌旧喜新，才能立异标新。

★ 只有想到世界之无，才会做出世界之有。

★ 只有今天无愧，才能一生无悔。

★ 正气必须有，傲骨不可无。

★ 功夫无止境，练功无止步。

★ 自己看自己是瞎子，别人看自己是镜子。

★ 付出是得到之花，得到是付出之果。

★ 成就从拼搏中来，奇迹从冒风险出。

★ 岁月不饶人，人天天老；人不饶岁月，事日日新。

★ 岁月不饶人，日衰月老；人不饶岁月，日新月异。

★ 死要“面子”毁人一生，敢舍“面子”成人一生。

★ 好事人不能做尽，坏事人不能做绝。

★ 好心态是笑出来的，坏心态是哭出来的。

★ 君子成人之美，小人乘人之危。

★ 君子多在人前说，贤人少在人后言。

★ 悲欢离合乃人生，酸甜苦辣乃生活。

★ 物质财富越用越少，精神财富越用越多。

★ 物质是生活的食粮，精神是幸福的食粮。

★ 物质富裕不一定快乐，精神充实才真正幸福。

★ 贫富之差在志气，成败之别在毅力。

★ 战胜他人是常人，战胜自己是超人。

★ 奋斗是生命之花，成就是生命之果。

★ 耍聪明的人最糊涂，装糊涂的人最聪明。

★ 得理让人人人敬，没理强争人人嫌。

★ 得道者人死名依活，失道者人活名已死。

★ 梅香来自寒，墨香出于苦。

★ 做人不亢不卑，做事不屈不挠。

★ 做人不饶岁月，做事岁月饶人。

★ 做人可为人后，做事须为人先。

★ 没有良心难成人，没有恒心难成事。

★ 大爱天地无疆，无爱作茧自缚。

★ 不劳而获是明抢，贪赃枉法是暗盗。

★ 一生失败皆由惰，万事成功俱在勤；天下诸君谁彻悟？鹏程大展梦圆真！《七绝·圆梦》

★ 人富不过有精神，人穷不过无志气。

★ 为人淡泊名利，处世高风亮节。

★ 为人急功近利，处世唯利是图。

★ 为人热忱是人品质与修养，处世淡定是人胸怀与境界

★ 为人最有力的东西是真理，处世最值钱的东西是人品。

★ 文凭高不如人品高，眼光高不如境界高。

★ 少壮勤学拂晓早，老翁奋发夕阳红。

★ 少年有追求，学业早成；青年有追求，事业早成；老年有追求，夕阳无限。

★ 一个婴儿闻世，就意味着创新。

★ 不怕人生没天地，只要人生有闯劲。

★ 不怕人生名气小，就怕人生努力少。

★ 不怕人生不出名，只要人生能埋头。

★ 练功贵在毅力，成功贵在坚持。

★ 练功即励志，励志见功夫。

★ 人不耐寂寞，事不会成功。

★ 谁埋头，谁出头；不埋头，难出头。

★ 埋头苦读书，出头有知识。

★ 最贵重的东西是知识，最富有的东西是精神。

★ 最高尚的人是心中无我，最伟大的人是胸怀天下。

★ 不怕人生不成事，只要人生肯做事。

★ 不是做人成功慢，而是做事放弃早。

★ 失败是成功之母，教训是成功之父。

★ 不羡人生财富多，只羡人生贡献大。

★ 思想支配行动，行动支配成败。

★ 人生只有活得简单，日子才能过得快乐。

★ 人若犯众恶，生若判死缓。

★ 人有潜能似弹簧，事有压力才张扬。

★ 人的生命像弹簧，越有压力越坚强。

★ 只有善待他人，才能善待自己。

★ 不是人生机会少，而是处事勇气小。

★ 做人之道立大志，做事之道成大事。

★ 人有金钱人万能，金钱人用钱万能，金钱没人万不能。

★ 为人真诚成人成事，处世虚伪害人害己。

★ 人驾驭金钱，金钱是宝；金钱驾驭人，金钱是魔。

★ 人之交往人有所价，礼尚往来礼有所值。

★ 做人只有把成就作为逗点，做事才能到达理想的终点。

★ 为人要想得到多少，处世就得付出多少。

★ 只有种下什么，才会收获什么。

★ 要想到达高处，必须低处起步。

★ 只有真正关爱自己，才会实现自身价值。

★ 做人贵在超脱，做事贵在创新。

★ 人生似棋手，成败在运筹。

★ 没有正确的思考，就没正确的行动。

★ 人有什么知识结构，事会做出什么成就。

★ 人格等于人生命，信誉等于通行证。

★ 人人有颗感恩心，处处皆是艳阳春。

★ 人若荣誉所累，生若作茧自缚。

★ 做人贵在立异， 做事贵在标新。

★ 只有战胜自己，才会战胜一切。

★ 为人不看高贵仪容，处世要看高尚心灵。

★ 做人如行舟，做事如扬帆。

★ 只有克服自卑，才能赢得自尊。

★ 人类主宰万物，知识成就万事。

★ 人心所向者，即替天行道；人心所背者，即逆天行事。

★ 为人有大度，处世有风度。

★ 万物之灵乃人类，人生奉献乃天职。

★ 生命长短看价值，价值大小看贡献。

★ 人生欲成功，终日须攀登。

★ 人有多大学问，事有多大成就。

★ 人要笑着活，日莫哭着过。

★ 人左右生活，生活尽快乐；生活左右人，人活尽受罪。

★ 人无道德，天诛地灭。

★ 人贪财物尽，鸟贪饱食亡。

★ 舍是得的花朵，得是舍的结果。

★ 人生有希望，生活有快乐。

★ 人类创造文化，文化创造生活。

★ 只有挑战困难，才能战败困难；只有战胜困难，才能赢得成功。

★ 人没金钱万不能，金钱没人万不能。

★ 人有大志终成事，金子迟早会放光。

★ 人生不易，不要无谓作践自己；生命很短，不要用烦恼伤害自己。

★ 人与人之间是缘分，若爱要珍惜；心与心之间是亲情，若惜要真诚。

★ 人长得漂亮不漂亮在天定，人活得漂亮不漂亮在人定。

★ 人之路是一步步走来的，人之情是一点点换来的。

★ 人该说就说，该哑就哑是明智；人该干就干，说退就退是睿智；人该扬就扬，该藏就藏是境界。

★ 人得意时要学儒家，人失意时要学道家，人绝望时要学佛家。

★ 人若步步吃力，将会步步登高；人若步步省力，将会步步跌谷。

★ 人无感恩心，孤立是自己；人无宽容心，难容是自己。

★ 人与人，多一分理解就少一些误会；心与心，多一分包容就少一些纷争。

★ 人生奋斗过程是人生的快乐，人生奋斗结果是人生的幸福。

★ 快乐是奋斗的过程，幸福是奋斗的结果。

★ 人要帮人是情分，人不帮人是本分。

★ 做人偶然得与舍，做事必然舍与得。

★ 人越计较道路越狭窄，心越宽容天地越宽广。

★ 只有拼出来的火花人精彩，没有等出来的白发人辉煌。

★ 人生价值不看你得到多少，而看你贡献多少；生命价值不看你活多少岁，而看你做多少事。

★ 人缺什么都行，若缺道德无法立身；人没什么都行，若没健康一切皆无。

★ 人与人玩什么都行，不能玩花招；友与友伤什么都行，不能伤感情。

★ 人交什么样友，已成什么样人。

★ 人想要面子，先给人面子。

★ 人与人相遇是缘，缘在天意；心与心相知是分，分在人意。

★ 信念变德行就变，德行变命运就变。

★ 人人感恩天地暖，个个怨恨日月寒。

★ 为人受宠莫自傲，处世受辱莫自卑。

★ 人生如梦，梦在于圆；生活如水，水在于品。

★ 人生如梦非梦，固有悲欢离合；生活如水非水，固有酸甜苦辣。

★ 人有钱时钱不值钱人值钱，人无钱时人不值钱钱值钱。

★ 人倒霉时才明白朋友重要，患大病时才明白身体重要。

★ 人生没“捷径”，“捷径”是陷阱。

★ 人在高处你朋友知道你是谁，人在低处你知道你朋友是谁。

★ 人人从时间中来，个个从时间中失。

★ 人高莫过境界，人大莫过胸怀。

★ 人心向与背，天下得与失。

★ 人心向与背，天下稳与乱。

★ 人心向与背，江山固与垮。

★ 人心是社稷基石，国家是人心支撑。

★ 人心若浮动，天下必动荡。

★ 人为金钱忙，够用方为量；无钱难生活，钱多是非惹。

★ 人品是人之金牌，文品是人之银牌。

★ 人之交往人有价，礼尚往来礼有值。

★ 人之交往礼有所价，礼尚往来人有所值。

★ 人捧之莫自扬，人损之莫自卑。

★ 为人不看起跑线，处世要看终点站。

★ 相见是缘，缘在天；再见是分，分在人。

★ 与人交流要主动，先迈一步见真诚。

★ 人若欠你的，有人会还你；你若欠人的，有人会罚你。

★ 人有所长又有短，取长补短共发展。

★ 人之交往情无价，礼尚往来情有值。

★ 人决定命运则赢，命运决定人则输。

★ 人决定时间则成，时间决定人则败。

★ 人之交往决定人之价值，人之交往影响人之价值。

★ 人生本无意义，成败自有定义。

★ 人生若博弈，拼搏分输赢。

★ 人生如场戏，悲欢多交集；人生若看开，得失多交替。

★ 人生如盘棋，输赢在博弈。

★ 人生要出头，成事唯出路。

★ 人要活在自己心里，不要活在别人眼里。

★ 做人树形象，成事塑自己。

★ 心点希望灯，人没绝望时。

★ 人奴役金钱金钱万能，金钱奴役人金钱万恶。

★ 正能量使人成功，负能量使人失败。

★ 人生多挑战，生命红似火；人生多贡献，生命染红天。

★ 人生无贡献，枉活一百年；人生多贡献，一生多伟岸。

★ 人死了在人心依活着，最伟大；人活着在人心已死了，最无耻。

★ 做人有自信，越活越精彩；做事有自信，做干越辉煌。

★ 金钱情感两道坎，人生逾越自超脱。

★ 人与人无信难交往，心与心无诚难交心。

★ 人人争做贵人，事事吉祥如意。

★ 做人事如意，做事不容易。

★ 人缘决定人脉，人脉决定人生。

★ 人缘是金光大道，人脉是滚滚财源。

★ 人缘决定命运，人脉决定输赢。

★ 人缘好命运就好，人脉旺财源就旺。

★ 人主宰命运，天天走运；命运主宰人，日日倒霉。

★ 人才创造财富，财富造就人才。

★ 人不吃苦头，事难成完美。

★ 人不负春秋顺其自然，心无愧天地随遇而安。

★ 人生无侥幸，成功无捷径。

★ 人贫则思变，人富则易蜕。

★ 人生不埋头，终生难出头。

★ 人高莫过境界，人大莫过胸怀。

★ 人是哭着来世间，路要笑着走一生。

★ 人生苦短，不要保留遗憾；生命有限，不要自找麻烦。

★ 越感恩恩比天大，越仇恨恨比海深。

★ 人在彻悟中成长，事在奋斗中成就。

★ 做人自知之明，做事立于不败。

★ 做人多大肚量，做事多大成就。

★ 人驾驭金钱，财为人奴；金钱驾驭人，人为财奴。

★ 人在做事中成长，事在人做中成功。

★ 人有好心，必有善报。

★ 人间有爱心，天地有春光。

★ 人人讲爱心，日日艳阳天。

★ 刀要用石磨砺，人要经事磨炼。

★ 千言万语无用，不如一语中的。

★ 传世佳作逆境出，千古英雄乱世生。

★ 天下万物向阳，世上人心向善。

★ 广结善缘在情商，百战不殆在智商。

★ 上天无馅饼，“馅饼”是陷阱。

★ 与人交流是提高自己的阶梯，和人谈心是增进友谊的桥梁。

★ 多与名人交流，选择成名捷径。

★ 与人无争才无忧，同人共生才安生。

★ 与时间赛跑者成功，闲消磨时间者失败。

★ 与人为善，成就他人的同时也成就了自己；助人为乐，向他人送温暖的同时也照亮了自己。

★ 小事能忍让，大事方成就。

★ 小心做人人完美，大胆做事事迹奇。

★ 小卒过河，老将无奈。

★ 小是小非要糊涂，大是大非要清楚。

★ 小孩用口吃美食，大人用心吃健康。

★ 小小的微笑，大大的价值；小小的礼貌，大大的成功。

★ 大彻出大悟，大志成大事。

★ 大气者，胸怀坦荡成大事；小气者，眼光短浅没出息。

★ 大凡天下事，追求则成功。

★ 大笔写大字，大胆做大事。

★ 大智者大勇，大勇者大成。

★ 大事是小事的总和，成就是奋斗的积累。

★ 大度者消灾纳福，忌妒者惹事招祸。

★ 大事要清楚，小事要糊涂。

★ 大气者成就大事，小气者无所作为。

★ 大胸怀人天下行，没志气人家中转。

★ 凡事坚持到底，必赢最后胜利。

★ 凡事多问为什么，成事就会有把握。

★ 凡事无小事，成事是大事。

★ 凡事皆诚信，人生梦可真；凡事讲信誉，人生成大事。

★ 心态左右命运，行动左右未来。

★ 心中希望不灭，人生永远前进。

★ 不达目的不动摇是定力，不达目的不变化是信念。

★ 不怕苦才能成人，苦不怕才能成事。

★ 不放弃追求美好，就会有幸福生活。

★ 不向厄运低头，好运就会降临。

★ 不经过岁月风雨者，永远不会成熟；不经过艰苦磨炼者，永远不会成功。

★ 不能什么都要，只要幸福就好；不能什么都想，只想健康就好。

★ 不做缺德乾坤晓，多干善事天地知。

★ 天天在付出，日日在收获。

★ 天天奋斗，乐在其中；一生奋斗，其乐无穷。

★ 天下为公乃天道，百姓为大乃人道。

★ 天下有爱而温暖，世间有情而美好。

★ 天下为公，天经地义；天下为私，天诛地灭。

★ 天才出于磨难，逆境造就伟人。

★ 天才在于勤奋，勤奋成人成事。

★ 为人情义无价，处世友谊长存。

★ 为人有爱享受，处世感恩得福。

★ 为人敌人是自大，处世朋友是自知。

★ 为人不要生气要争气，处世不要斗气要斗志。

★ 为人不看荣誉与地位，处世在于道德与情操。

★ 为人活得慷慨激情，处世爱得博大深沉。

★ 为人宁可装傻，处世不可逞能。

★ 为人许诺要慎重，处世践言要慷慨。

★ 为人之道在诚，处世之道在信。

★ 做人价值在奉献，做事价值在贡献。

★ 为人雅量是修养，处世包容是智慧。

★ 为人礼有所价，处世人有所值。

★ 为人心存疑惑必然失败，处世坚信自己一定成功。

★ 为金钱而努力者庸俗，为理想而努力者高尚。

★ 为人不贪小利，处世不吃暗亏。

★ 为人欲得到者，须得道；处世欲得道者，须道德。

★ 为人得道者得到，处世失道者难得。

★ 为人台上当自若，处世台下当自重。

★ 为人大事清楚，处世小事糊涂。

★ 为人感恩人，处世人感恩。

★ 为人如茶须细品，处世如水须平淡。

★ 君子成人之事，亦成君子之人。

★ 为人不忘人恩，处世不念人过。

★ 为人暖一颗心需多年，处世凉一颗心在瞬间。

★ 为人假话全不说，处世真话不全说。

★ 为人厚道路宽，处世刻薄路窄。

★ 为人有人缘，处世有人脉。

★ 为人换位思考，处世替人分忧。

★ 为人真心见真情，处事真情见真人。

★ 为人有思路，处世有出路。

★ 为人知己知彼，处世无往不胜。

★ 为人有爱心，处世人心爱。

★ 为人之本在正，为官之本在清。

★ 为公者大爱，为私者大欲。

★ 为人者多奉献，为己者多贪婪。

★ 为人者有爱心，为己者有贪心。

★ 为好人要有感恩心，处好世需要结善缘。

★ 承诺谨言掷地有声，践言慷慨雷厉风行。

★ 为人者海阔天空，为己者四面楚歌。

★ 为人是你的不用争，不是你的不必争；处世是你的不必留，不是你的不用留。

★ 为人缘来坦诚对待，处世缘去坦然对待。

★ 为人不争，避免惹祸；处世不恨，避免伤心。

★ 为人律己以严，处世待人以宽。

★ 为人说服人难，处世诚服人易。

★ 为人事有大小之分，处世礼有厚薄之别。

★ 为人把别人当傻瓜其实自己犯傻，处世善于欺骗他人其实自欺欺人。

★ 为人莫以成败论是非，处世不以得失计输赢。

★ 为人存厚朴心，处世行真诚事。

★ 为人忘我行天下，处世唯人成大公。

★ 为人人誉我谦，又添一美；处世人争我让，又积一德。

★ 为人知人赢一时，处世知己赢一世。

★ 为人唯有自知，处世方无不知。

★ 为人珍惜“缘”，处世把握“分”。

★ 为人心旷是福门，处世心狭是祸根。

★ 为人自傲是顾影自喜，处世自卑是顾影自惭。

★ 为人心宽寿自长，处世量大福自多。

★ 为人爱你所爱是从容，处世爱你所恨是宽容。

★ 为人律己要细微，处世待人要宽宏。

★ 为人不妒他人能，处世莫揭他人短。

★ 为人君子不记他人仇，处世大人不记小人过。

★ 为人得宽怀处且宽怀，处世能容人处且容人。

★ 得理也要让三分，得饶人处且饶人。

★ 为人莫以相貌看人，处世莫以成见待人。

★ 为人敬人人敬，处世欺人人欺。

★ 为人要雪中送炭，处世莫锦上添花。

★ 为人适时投其所好，处世留意见机行事。

★ 为人，在人之下分人为人；处世，在人之上分己为人。

★ 为人急他人之急，处世帮他人之帮。

★ 为人寡言则过少，处世巧言则路平。

★ 为人以低积高，处世外抑内扬。

★ 为人身轻失天下，处世自重方存身。

★ 为人喜不过望，处世哀不失形。

★ 为人简单是快乐，处世放弃是拥有。

★ 为人格局撑开，处世好事自来。

★ 为人顾全大局，处世不会出局。

★ 处世人格宽度，决定人生广度。

★ 为人不盲崇别人，处世要树立自己。

★ 为人交深而怨，处世平淡而亲。

★ 为人孝顺天经地义，处世不孝天诛地灭。

★ 为人只有先帮人，处世才有人帮己。

★ 为人先掏心，处世才交心。

★ 为人先爱人，处世人爱己。

★ 为人讲真情，处世人动情。

★ 为人不说谎，处世少人骗。

★ 为人不为小事忙，处世方得一身轻。

★ 为人各有千秋，处世取长补短。

★ 为人多看别人长，处世方补自己短。

★ 为人多要吃点苦，处世倍觉日子甜。

★ 为人多感恩，处世多温馨。

★ 人不尊重别生怨，只怨自身量不重；人不喝彩别生怨，只怨自己不精彩。

★ 做人只需精一事，做事不必万事通。

★ 为人有容德乃大，处世有忍事乃济。

★ 为人在忍耐中坚强，处世在坚强中成长。

★ 为人会容忍，处世会奋发。

★ 为人静中积蓄，处世动中发挥。

★ 为人守时把握机会，处世准时成就人生。

★ 为人信誉即生命，处世失信即人完。

★ 为人只有以真换真，处世只有以心换心。

★ 为人在乎缘分，处世珍惜友情。

★ 为人爱出则爱返，处世福往则福来。

★ 为人处世先动心，做人做事得人心。

★ 为人要复杂之事简单化，处事莫简单之事复杂化。

★ 为人要责己严，处世要待人宽。

★ 为个人创造财富，再多也叫本能；为社会创造财富，多少都是贡献。

★ 为仁不富人得道，为富不仁人失道。

★ 为人埋头苦干，处世出头露面。

★ 为人眼是一把尺，量人先量己；处世心是一杆秤，称人先称己。

★ 为人要释怀，莫拿过去的错误折磨自己；处世要加油，须展未来的憧憬鼓舞自己。

★ 为个人创造价值叫本能，为他人创造价值叫本事，为社会创造价值叫贡献。

★ 为人改目标不如改方法，处世改环境不如改自己。

★ 为人有些事须忍，勿怒；处世有些人须让，勿究。

★ 为人做事不能太精，太精无路走；处世待人不能太苛，太苛无朋友。

★ 为人沉默是含蓄，处世沉默是修养。

★ 为人沉默是从容与包容，做事沉默是无怨与无悔。

★ 为人如照镜，你哭他也哭；处世如照镜，你笑他也笑。

★ 为人暖一颗心需要好多天，处世凉一颗心只要一瞬间。

★ 为人想得明明白白，处世活得洒洒脱脱。

★ 为他人鼓掌与喝彩，是人心灵交融与共鸣，也是对自己鼓励与鞭策。

★ 为人以德服人，处世以情感人。

★ 为人要聪明一半糊涂一半，分事对待；处世要真诚一半虚假一半，分人对待。

★ 为他人唱赞歌，也是为自己点赞。

★ 为人要温和可亲，处世莫软弱可欺。

★ 为人多讲他人长处少讲他人短处，易处人；处世多讲自己短处少讲自己长处，得人心。

★ 世上陪你笑的大有人在，天下陪你哭的还没生出来。

★ 为人只有看轻己，他人才会看重于你；处世只有抬举人，他人才会抬高于你。

★ 做人争得他人共鸣，做事方得他人协助。

★ 为人多为他人着想，争得他人同心；处世多为他人讲话，争得他人协力。

★ 为人为他人鼓掌是胸怀，处世为他人喝彩是境界。

★ 为他人遮羞，也让自己露了脸；让他人难堪，也让自己难下台。

★ 为人要站在公众立场说话，处世要站在自己立场办事。

★ 为人要虚心，处世要真心。

★ 为人如照镜，你对他施礼，他对你鞠躬。

★ 无我者聪明，唯我者糊涂。

★ 无我者境界高，无私者胸怀大。

★ 与人交往在诚，与人相处在容。

★ 无私有爱心，多欲有贪心。

★ 无志者事总败，有志者事终成。

★ 无志人最贫，有志人最富。

★ 无名人要高调，有名人要低调。

★ 无功不受人禄，无助不受人礼。

★ 无功不受禄，受禄有陷阱。

★ 无声胜有声，沉默胜张扬。

★ 无论钱多钱少，够吃够穿就好；无论人美人丑，有德有才就好。

★ 无论才华大小，只要实干就好；无论成就大小，问心无愧就好。

★ 无力改变世界，只能顺其自然；不能改变现实，只好随遇而安。

★ 以心交人人去心还在，以物交人人去情已尽。

★ 以乐观的心态感悟风起云涌，以平淡的心境笑看日出日落。

★ 以静制动，沉默是最有力的语言；以柔克刚，微笑是最有力的武器。

★ 以感恩心做人，以责任心做事。

★ 以清净的心看世界，处处和畅；用欢喜的心过日子，天天快乐。

★ 以理服人人心服，以力服人人心怨。

★ 以谦虚态度对待他人忠告，以谨慎态度践行他人告诫。

★ 以德报怨者乃大智，以怨报怨者乃大愚，以怨报德者乃小人。

★ 以信律己，以诚待人；诚信做人，信誉为本。

★ 心态好行为就好，行为好结果就好。

★ 认识自我客观做人，改造自我科学做事。

★ 认准目标奋勇前进是志气，坚定不移到达目的是恒心。

★ 分秒必争，必然成功；消磨时间，必然失败。

★ 内方外圆做人，外方内圆做事。

★ 开弓没有回头箭，人生没有回头路。

★ 与人交往是成功的桥梁，与人合作是成功的保障。

★ 时间不够用者成功，时间用不完者失败。

★ 艺术无止境，追求无止步。

★ 文学贵在服务人民，艺术贵在打出自己。

★ 用快乐的心态改造世界，改变生活；用感恩的心态感受世界，享受生活。

★ 用己之短比人之长是成长，用己之长比人之短是知足。

★ 用笑容掩饰忧伤是胸怀，用平淡掩饰惊喜是境界。

★ 仇恨是一枚定时炸弹，心埋仇恨先毁自己；感恩是福报之使者，心存感恩先惠自己。

★ 宁可装傻也不要自作聪明，宁可平庸也不要沽名钓誉。

★ 宁静的人行致远，故不易折；知足的人常快乐，故不易老。

★ 只有官忧百姓，才能百姓忧国。

★ 只有心心相印，才能志同道合；只有心心相融，才会产生共鸣。

★ 只有和时间赛跑的人，才会视时间为金钱；只有抢光阴的人，才会视时间为生命。

★ 只要信念不变，终会走向成功。

★ 只要日日耕耘，就会天天收获。

★ 只有把成就看作新起点，才会不断地攀登新高峰。

★ 只有非凡的投入，才有非凡的成就。

★ 只要不向厄运低头，好运就会向你招手。

★ 只要你不屈服厄运，厄运就会屈服于你。

★ 只有细心思考大胆探索，才会做出奇迹一鸣惊人。

★ 只有站得高才会看得远，只有境界高才会起点高。

★ 只有良好人缘与朋友，才会体味快乐与成功。

★ 只有给对手留退路，才会使对手心诚服。

★ 只要付出爱心一片，就会得到数倍回报。

★ 只有把命运当使命，才能使人生有辉煌。

★ 只有把绊脚石变为垫脚石，才会把逆境变坦途。

★ 只要勇敢地笑对人生，就会生活在快乐之中。

★ 只有自己尊重自己，才会赢得别人尊重。

★ 只有生活注入热情，生活才有快乐激情。

★ 只有成人之美，才能成己之美。

★ 只有超前的意识，才有惊人的创举。

★ 只有能忍辱，才能会负重。

★ 只有不怕输，才会人生赢。

★ 只要人想到，就会人做到。

★ 只有立足现实，方能奔向未来。

★ 只有改变心态，才能改变命运。

★ 只有做好今天事，才能成就明天事。

★ 只有付出超人代价，才能取得超人成就。

★ 做人总结失败教训，做事找到成功捷径。

★ 只有热爱生活，才赢美好未来。

★ 只有走前人没走之路，才会留下自己的足迹。

★ 只有做好细节，才能成就大业。

★ 只有做好小事，才能成就大事。

★ 只要心态积极向上，生活就会充满阳光。

★ 做人喜新厌旧，做事标新立异。

★ 只有把成就与荣誉当作垫脚石，才会取得更大成就与荣誉。

★ 有担当，才能放得下；放得下，才能拿得起。

★ 为个人创造财富乃本能，为社会创造财富乃本事。

★ 只有学习科学，才能掌握科学；只有掌握科学，才会攀登高峰。

★ 只有想别人所想，才能得别人所帮。

★ 只有放飞梦想，才能收获成功。

★ 只有追逐梦想，才能成就未来。

★ 只有减少欲望，才能生活快乐。

★ 只有放下怨恨，才能活得轻松。

★ 只有发挥自己长处，才能提高人生价值。

★ 只有慷慨付出，才有丰厚回报。

★ 只有常怀感恩之心，才能获得幸福之果。

★ 只有健康体魄，才有快乐生活。

★ 只有知足，才会快乐；只有感恩，才会幸福。

★ 只有以诚待人，才有以诚相见。

★ 只有输得起，才能赢得来。

★ 只有能容人，才能得人心。

★ 做人心态端正，人生才会光明。

★ 只有承受得痛苦，才能够得到幸福。

★ 只有挑起生活重担，才会创造快乐生活。

★ 只有敢于拼命精神，才能发挥最大潜能。

★ 做人胸有成竹，做事马到成功。

★ 只有走不完的路，没有走不通的路。

★ 只有忘记过去烦恼，才能展望未来美好。

★ 为人真情真意，相处不离不弃。

★ 只有挑战生活，才有精彩未来。

★ 只有挑战死亡，才能活出健康。

★ 只有感恩世界，才有精彩人生。

★ 只有感恩人生，才有美好生活。

★ 只有放弃必须放弃之事，才能担当必须担当之事。

★ 只有想得开，才能看得开；只有看得开，才能放得开；只有放得开，才能赢得来。

★ 只有轻松才快乐，只有如意才幸福。

★ 只有德行好，才能命运好。

★ 只有人真诚，才有真诚友。

★ 只要心无愧，成败无所谓；只要有春秋，褒贬无所谓。

★ 只看到前面一年事是凡人，能看到前面百年事是超人。

★ 只有认识自己，才有圆满人生。

★ 只有耐住寂寞与黑暗，才能到达成功与辉煌。

★ 只有满腔热情的生活，才能有积极乐观的心态。

★ 只争朝夕者寿长，浪费光阴者命短。

★ 只有容他人之反感，才能使他人转好感。

★ 只有心态平静，才能得到快乐；只有心存感恩，才能得到幸福。

★ 失败是成功之母，信心是成功之父。

★ 失败从马虎里怀胎，成功从认真中诞生。

★ 失意时要看重自己，得意时要看重别人。

★ 失败结缘无志者，成功专酬有志人。

★ 乐中易消沉，悲中易奋起。

★ 节约时间就等于益寿延年，浪费时间无异于损财害命。

★ 生命价值在奋斗中提高，人生成功在追求中到达。

★ 生命不息，奋斗不止；奋斗不止，快乐不尽。

★ 生命需要生活，生活需要创造。

★ 生命本无意义，人生自定价值。

★ 生命活力在奋斗，人生毅力在磨砺。

★ 岁月无法计算，越加越少；期盼无法计量，越量越远。

★ 生活就是乐趣，人生就是幸福。

★ 生命意义不在时间长短，人生价值要看贡献多少。

★ 生命的长短可用时间计算，人生的价值可用贡献衡量。

★ 生命价值看贡献，勿论厚禄与高官；荣华富贵烟云过，唯有芳名在世间。《七绝·人生观》

★ 生命在奋斗中增强，意志在无聊中减弱。

★ 生前天下颂，死后埋人心；万古千秋念，方称伟大人。

★ 成就来自三分天赋七分功夫，功夫来自三分天赋七分苦练。

★ 主动万事皆成，被动万事皆空。

★ 正确驾驭金钱，生活才能幸福；若被金钱驾驭，生活必然痛苦。

★ 正确思考加百折不挠的行动，就等于无往而不胜的成功。

★ 对生活谁注入热情多，谁就收获快乐多；对社会谁回馈感恩多，谁就收获幸福多。

★ 对别人礼貌和关怀，是成功者人情储蓄与台阶。

★ 只有忘我追求艺术，才会到达艺术巅峰。

★ 自信决定心态，心态决定成败。

★ 自信决定命运，自强决定未来。

★ 自卑者往往失败，自信者常常成功。

★ 自信来自信心，信心出于信念。

★ 自信是精神的源泉，信心是力量的基石。

★ 自然常更新，人生须创新。

★ 自信成就人生，自弃毁掉人生。

★ 自信乃成功之本，自弃乃失败之根。

★ 自勉使人自强，自律使人自重。

★ 自知使人清醒，自强使人成功。

★ 自知使人反思，自勉使人奋进。

★ 自立使人成功，自弃使人失败。

★ 自卑时换个位置去对待，失败时换个途径重新来。

★ 自然等来的是白发与死亡，努力得到的是成就与辉煌。

★ 目标出于梦想，成功来于行动。

★ 目标大小在理想，成就大小在目标。

★ 去掉欲望心态积极向上，放下怨恨人生轻松向前。

★ 记恩不记仇是君子的大度，记功不记过是成功者的宏量。

★ 失败带给懦夫的是悲伤与颓废，挫折带给强者的是顽强与奋起。

★ 行行出状元，处处有能人。

★ 处好朋友关系，增添左膀右臂。

★ 处世如照镜，你给他微笑，他和你笑容。

★ 处世人言不可轻信，为人唯行方是真凭。

★ 礼尚往来情无价，人之交往人有值。

★ 礼尚往来礼分远近，人之交往人分高低。

★ 礼尚往来分轻重，人之交往分厚薄。

★ 立大志需以“屈”养精蓄锐，成大业需靠“伸”大显身手。

★ 出师有名才能取得胜利，成事有理才能取得成功。

★ 出生寒门者，往往奋发向上成就大业；出于朱门者，往往养尊处优无所作为。

★ 付出似花朵，得到如结果。

★ 付出是人生没有存折的存款，沾光是人生没有欠条的高利贷。

★ 平凡之人做出不平凡事是脱俗，不平凡之人做出平凡事是超脱。

★ 寻找机会在睿智，抓住机会在果断。

★ 世上没有救世主，只有自己救自己。

★ 世上公平是时间，天下无情是光阴。

★ 人人天生空白表，日日功过自己填。

★ 世上贵重属黄金，天下珍宝属时间。

★ 世上没有平白吃喝的午餐，天下没有不劳而获的果实。

★ 世上人人献爱心，人间天天暖如春。

★ 世界很大有缘相见不易，心灵很小装着你要珍惜。

★ 天下没有无瑕玉，世上没有无过人。

★ 百姓乃衣食父母，人民乃天下主人。

★ 光明正大挣来的钱心安理得，是真正享受；歪门邪道搞来的钱心惊胆战，是自我折磨。

★ 为人有贪心，处世必损人。

★ 功夫都是苦中来，成就都是苦中出。

★ 任何理想只有在奋斗中实现，任何奇迹只有在创新中孕育。

★ 想一夜成名，是白日做梦。

★ 任何远大目标的实现，都是小目标实现的积累。

★ 任何成功都要付出，任何创新都要冒险。

★ 在冒风险中创造机遇，在冒风险中创造奇迹。

★ 行人之前向成功，走人之后向失败。

★ 在困境中选择突破口，是人生成功转折点。

★ 要在历史留下足迹，只有闯出自己之路。

★ 在强者面前，困难是纸老虎；在弱者面前，困难是真老虎。

★ 没有人理解时，学会自我劝解走出困惑；没有人欣赏时，学会自我欣赏走出低谷。

★ 在生活享受上知足为乐，在事业追求上不满足为乐。

★ 信仰是行动之矢，信念是行动之的。

★ 行走沉默是思考，静坐沉默是彻悟。

★ 创新是人的生命力，守旧是人的死亡线。

★ 创新来于理论新，奇迹出于思维奇。

★ 成功在于事坚持，失败在于人放弃。

★ 成功之路在坎坷，光明之路在曲折。

★ 成功源于真诚，失败根于虚伪。

★ 成功在于自强自信，失败在于自暴自弃。

★ 成功者不仅要感恩朋友鼓励和支持，也要感恩敌人折磨与打击。

★ 成事之奥秘在于坚持到底，败事之根源在于动摇放弃。

★ 成功是真做实干者的专利，失败是投机取巧者的专利。

★ 成功和失败并存，不怕失败才会成功。

★ 成就是强者的专利，失败是懦夫的专利。

★ 成功贵在言出必行，失败在于言而不行。

★ 快乐乐是战胜悲欢离合的产物，幸福是饱尝酸甜苦辣的产物。

★ 追求是成功之母，放弃是失败之母。

★ 成功者财富是属于成功者自己的，失败者财富是属于吸取教训者的。

★ 成功是失败教训的结晶，幸福是饱尝辛苦的结晶。

★ 成人之美乃君子，乘人之危乃小人。

★ 成功需要奋斗精神，奇迹需要冒险精神。

★ 成功属于不怕挫折永不服输的人，失败属于挫折中跌倒站不起来的人。

★ 多言少思是行动的盲人，少言多思是行动的高人。

★ 多记他人之好心存感恩之心，少记他人之过克服心中怨恨。

★ 多一些宁静，就少一些后悔；多一些忍让，就少一些麻烦。

★ 多栽桃李少栽荆，开辟光明幸福路。

★ 先天不由人，后天由自己。

★ 除草在除根，交人在交心。

★ 交友贵真诚，交心贵坦诚。

★ 吃饭易淡不易咸，交友易淡不易深。

★ 为人示诚意，处友交真心。

★ 朋友交往情无价，人情来往礼有值。

★ 交友先掏心，处友才交心。

★ 交往穷富不重要，相处真诚情可贵。

★ 岁月最无情，日月最见心。

★ 岁月再长不生情，日月之久见人心。

★ 岁月不饶人，人必衰老；人不饶岁月，人必成功。

★ 岁月不饶人，步步走向衰老；人不饶岁月，步步走向成功

★ 当官不贪腐，美名留青史。

★ 当面挖苦你的是君子，当面奉承你的是小人。

★ 当面说逆耳话的人往往是友人，当面说顺耳话的人往往是敌人。

★ 当面赞美人，事倍功半；背后赞美人，事半功倍。

★ 仰首做人见到是明媚阳光，俯首做人见到是鄙视目光。

★ 价值观取决世界观，世界观取决人生观。

★ 成就人生之路，不在会走路而在会选路；成就人生之事，不在多努力而在有定力。

★ 关怀他人是品质，理解他人是涵养。

★ 百病好医治，心病难医好。

★ 扛不动要放下，得不到要放手。

★ 执政是否为民，百姓口碑见证。

★ 近君子者人受益，近小人者人招事。

★ 出言逆耳多真诚，出语动听多欺骗。

★ 找知心之人难寻，用真诚之心可觅。

★ 回味成功路，越累心越乐；回首人生路，越苦心越甜。

★ 机遇都是给有准备者准备的，成就都是给奋斗者准备的。

★ 机会是成功的门槛，抓住机会等于成功。

★ 向同志学习是聪明，向对手学习是智慧。

★ 做人向他人问好，等于向自己问好。

★ 向前看的人必然成功，向后看的人必然失败。

★ 优柔寡断必失良机，当机立断必得机遇。

★ 为人苛求外表“美”，处世必然腹中“干”。

★ 全心全意为人民，努力践行天下公。

★ 有钱有健康，钱是资产；有钱无健康，钱是遗产。

★ 人存感恩，生活温馨快乐；心怀怨恨，生活冷酷悲伤。

★ 有多少知识就有多少智慧，有多少智慧就有多少成就。

★ 有多少知识就有多少力量，有多少力量就有多少成就。

★ 有什么样心态，就有什么样人生。

★ 有真才实学者不苛求仪表完美，不学无术者只苛求仪表美观。

★ 有价值语言是别人的忠告，无意义语言是听别人的奉承。

★ 有德无才乃常人，有才无德乃孬人，有德有才乃贤人。

★ 贤人贵在品德高，伟人贵在心唯人。

★ 好人有钱多行善，坏人有钱多作恶。

★ 好夸己长便是短，能揭己短便是长。

★ 好运卜不来，只有搏出来；好事等不来，只有拼出来。

★ 好诗在深悟，好字在苦练。

★ 看别人不顺眼，是自己无修养。

★ 老百姓口碑，是上帝御旨。

★ 老百姓口是见证历史黑白之碑，评说是非曲直与千秋功罪；老百姓心是载舟与覆舟之水，浮沉多少风流人物与贪官。

★ 发现人才需要赤诚与慧眼，举荐人才需要胸怀与美德。

★ 当面挖苦人往往是知心朋友，当面奉承人往往是别有用心。

★ 优雅人生，在于一颗平静之心；平和心态，在于一个平淡的活法。

★ 合作是生存的需要，共赢是发展的进程。

★ 乐观通往成功，悲观通往失败。

★ 乐观是健康之本，悲观是疾病之根。

★ 名声和荣誉，是一个人的价值，也是一个人的报酬。

★ 曲折是成功者的转折点，坎坷是成功者的加油站。

★ 吃回亏能领次教，经受磨难人艺高。

★ 向前看是贤人，向后看是庸人。

★ 压力激发潜能，挫折增强斗志。

★ 快乐人度大量宽，烦恼人气量狭窄。

★ 财富是勤劳的花朵，幸福是勤劳的果实。

★ 低调做人，往往少遇阻力；高调做事，往往出人头地。

★ 坚信自己能行，做人一定成功；认为自己不行，做事一定失败。

★ 坚守做人道德标准，把握做事质量标准。

★ 信心是万事成功之母，恒心是万事成功之父。

★ 时间等于金钱，光阴贵于生命；珍惜时间等于既获取了金钱又延长了生命。

★ 困难中精神不倒，困难就会被压倒。

★ 言尽意无穷，有情不言中。

★ 言少胜言多，无声胜有声。

★ 天生世人各个异，成就真我自然奇。

★ 希望是人生心中的太阳，梦想是人生心中的辉煌。

★ 希望是生命的寄托，生活是生命的港湾。

★ 希望是生活的阳光，理想是人生的太阳。

★ 位尊者怕失尊贵，常常没有快乐和幸福；位卑者感到知足，常常富有快乐与幸福。

★ 人有缺陷不为残，身怀绝技成亮点。

★ 好习惯成就人，坏习惯毁掉人。

★ 好汉不吃眼前亏者，是糊涂；好汉能吃眼前亏者，是聪明。

★ 良好习惯成就人，不良习惯毁掉人。

★ 地厚不如友情厚，天高何比爱心高。

★ 有理要让人，得理要饶人。

★ 没有健康身体，哪有成功保障。

★ 没有健康难奋斗，没有奋斗难成功。

★ 没有毫无理由的成功，只有毫无理由的失败。

★ 理想是人的灵魂，追求是人的生命。

★ 希望是人的生命线，理想是人起跑线。

★ 没经过痛苦人不知道什么叫快乐，没吃过黄连人不知道什么是甘甜。

★ 没有阳光照耀自身运动升温，没有笑语欢声自寻欢乐开心。

★无聊的事不能干，干了是徒劳；虚伪的人不能依，依赖会伤心。

★ 空想是纸上谈兵，行动是实施成功。

★ 投之以李报之桃，施之以德报之恩。

★ 投资人情是人生库存的无形资产，亏欠人情是人生揭借的高利贷。

★ 坚持真理成就人，坚持缪论毁掉人。

★ 坚持在于毅力，成功在于坚持。

★ 坚强在于信仰，执着在于信念。

★ 坚信自己梦想，终会走向成功。

★ 坚持目标不动摇要定力，坚持目标不变化要信念。

★ 坚定信念不动摇，不把风标当目标。

★ 快乐人健康，舒心人长寿。

★ 快乐在知足中，幸福在如意中。

★ 快乐在于追求中，幸福在感恩中。

★ 快乐是对拥有的知足，幸福是对生活满意。

★ 快乐来源于对生活知足，知足来源于对生活的简单。

★ 快乐是一种愉悦感，幸福是一种舒心感。

★ 休闲和雅士相会，快乐与亲人分享。

★ 快乐来自施舍，幸福来自感恩。

★ 快乐是积极心态赋予，痛苦是消极心态赋予。

★ 快乐是简单换来的，幸福是如意换来的。

★ 吃亏不仅是自己积累的财富，也是留给子孙的无形资产。

★ 能吃亏升华人格，占便宜降低人品。

★ 能吃亏是人生美德，人在吃亏中走向辉煌；占便宜是人生误区，人在占便宜中走向惨败。

★ 吃亏是福报的储蓄，福报是幸福的储蓄。

★ 吃亏是福古今知，乐意吃亏成就人。

★ 天降世人各生异，成就真我自创新。

★ 吃喝用心多健康，吃喝用嘴多疾病。

★ 能吃亏是福报的积累，占便宜是人格的贬值。

★ 能吃亏是人格升华的阶梯，占便宜是降低人格的陷阱。

★ 能吃亏是智慧，智者在“亏”中赢；占便宜是愚蠢，愚者在“占”中输。

★ 走他人成功路，无自己出头日。

★ 走前人未走过的路成名人，做前人未做过的事成奇迹。

★ 走在世人前，路路向成功；走在世人后，条条路失败。

★ 走向幸福过程，备感人生幸福；到达幸福目标，反觉人生疲惫。

★ 时间是金钱，信息是宝库。

★ 物质财富有限，精神财富无穷。

★ 把对手当伙伴是聪明，向对手学本领是智慧。

★ 把对手当伙伴是境界，向对手学本领是胸怀。

★ 把荣誉给人分享，使自己更加辉煌。

★ 身体是奋斗的资本，奋斗是成功的资本。

★ 记恩不记仇者是君子，记仇不记恩者是小人。

★ 宏观源于微观，微观驾驭宏观。

★ 沉着冷静是成就大事的风范，敢想敢干是创造奇迹的风范。

★ 社会在标新立异中发展，历史在推陈出新中前进。

★ 花朵放弃荣华才结硕果，为人放弃幻想才出成果。

★ 知人勿言尽，责人勿苛尽。

★ 知足常常乐，贪婪常常悲。

★ 知足常乐，是人对生活追求而言；永不满足，是人对事业追求而言。

★ 知福才会惜福，惜福才会幸福。

★ 知人知面要知心，疑人用人检验人。

★ 忘我者多寿，唯我者多愁。

★ 忘我者境界高，无我者天地宽。

★ 忠厚过了度就成傻瓜，谦让过了头就是懦弱。

★ 忠厚之人，吃亏一时占便宜一世；刻薄之人，占便宜一时吃亏一世。

★ 患难中相帮是真正朋友，酒桌上碰杯是心有所求。

★ 信任如水，一旦弄浑难清澈；真情如镜，一旦破碎难完好。

★ 运动是健康益友，静心是长寿福星。

★ 视荣华花间露，可静气；看富贵草上霜，能平心。

★ 物质作用有限，精神作用无穷。

★ 物质是生活的基础，精神是生活的支柱。

★ 物质文明是精神文明的基础，精神文明是物质文明的灵魂。

★ 话要说得好，不如说得巧。

★ 话是医心丹，理是开心斧。

★ 和喜欢你的人说话是快乐，与不喜欢你的人说话是折磨。

★ 和阳光的人在一起，心里不会灰暗；与快乐的人在一起，脸上会带笑容。

★ 和进取的人在一起，心态不会消极；与大方的人在一起，处世不会小气。

★ 和睿智的人在一起，遇事不会迷茫；与聪明的人在一起，做事不会木讷。

★ 放弃得不到的人轻松，享受已拥有的人快乐。

★ 命运上帝无法主宰，成败完全由己决策。

★ 坦荡做事人快乐，谎言骗人自痛苦。

★ 青少年做事不要怕，中老年做事不要悔。

★ 终天寻找机会，不如创造机遇。

★ 高级动物是为理想拼搏，低级动物是为生存拼搏。

★ 精神富有使人快乐幸福，物质富有使人欲壑难填。

★ 神之交往长久，物之交往短暂。

★ 治病要治本，帮人要帮心。

★ 浇树在浇根，交友在交心。

★ 活在情感中是悲剧，活在理智中是喜剧。

★ 活在过去悲伤中，越来越痛苦，活在未来希望中，越来越幸福。

★ 活学是读书的灵魂，活用是实践的灵魂。

★ 舍可以添福，退可以避祸，静可以养心，动可以健身，缓可以深思，斗可以前进。

★“便宜”是陷坑，谁“占”谁上当；“吃亏”是福报，谁“吃”谁得福。

★ 遇到困难越多，潜力发挥越大；遇到坎坷越多，意志磨炼越强。

★ 钱为人用钱是福，人为钱用钱是祸。

★ 钱为人用钱是人的宝贝，人为钱用人是钱的奴隶。

★ 欲得真功夫，须下苦功夫。

★ 细节决定人品，人品决定成败。

★ 视时间为金钱者可成富翁，把时间作生命者可成圣人。

★ 拿别人的东西要清楚，给别人的东西要糊涂。

★ 要想天下人没想到之想，要做天下人没做到之做。

★ 人树远大目标，事成百年大业。

★ 人生旅途要快乐，终日无忧方轻松。

★ 积极心态成就人，消极心态毁灭人。

★ 理想是人生的方向盘，目标是人生的终点站。

★ 理想描绘人生，奋斗编织未来。

★ 理解和包容是人的美德，爱心和感恩是人的福报。

★ 奋斗实现生命价值，奉献贡献生命价值。

★ 追求是成功之本，放弃是失败之源。

★ 追求可能实现的可快乐，放弃得不到的可轻松。

★ 征服艰难险阻定会成功，踏平坎坷曲折定见光明。

★ 倒下去能爬起来定会成功，爬起来比倒下少一次就是失败。

★ 珍惜时间，时间成就人；浪费时间，时间淘汰人。

★ 谁重视时间，时间就成全谁；谁轻视时间，时间就淘汰谁。

★ 逆境，对弱者可能是偷懒享乐的机会；困难，对强者则是磨炼意志大显身手良机。

★ 信心是建立在自信的前提，自信是建立在信念的前提。

★ 信誉是人生的第二生命，名誉是人生的无形资产。

★ 艰苦环境使人产生动力奋发向上，优越环境使人产生堕落不思进取。

★ 草留老根活春天，人留芳名活人间。

★ 拓展思维空间，努力开拓创新。

★ 注重人格人高尚，注重名气人庸俗。

★ 昨天已过明日未到，人生成就贵在今天。

★ 视时间为金钱，可成就亿万富翁；视时间为生命，可成就千秋大业。

★ 说话讲艺术，做人讲原则。

★ 说假话人干坏事，说大话人干小事；说实话人成大事。

★ 说人非者人好事，言人色者人好色。

★ 所谓绝招，是平凡之功夫积累的精华；所谓天才，是平常人勤奋努力的升华。

★ 事业是人生活之本，生活是人快乐之源。

★ 事事为他人着想，得人心；处处为他人铺路，天地宽。

★ 事先话挑明，事后无纷争。

★ 朋友是自己的镜子和帮手，对手是自己的动力与潜能。

★ 朋友相助是成功的摇篮，朋友相聚是成功的乐园。

★ 朋友不在远近，只要在心里；相交不在早晚，只要情义真。

★ 放飞梦想选目标，矢志不移出奇迹。

★ 放弃是一种明知的选择，放下是一种快乐的决策。

★ 事业为生命，快乐在其中。

★ 实践是科学的摇篮，创新是科学的实践。

★ 幸福与正道相伴，痛苦与邪道相连。

★ 幸福来自对生活的知足，痛苦来自对拥有的不满。

★ 幸福使人快乐，快乐并非幸福。

★ 幸福使人常常快乐，快乐人非常常幸福。

★ 幸福是必然的，快乐是偶然的；幸福是持久的，快乐是一时的。

★ 幸福从微笑开始，痛苦从愁容开始。

★ 快乐是享受简单的，幸福是享受拥有的。

★ 拥有个性体现真我，展现真正自我价值。

★ 拥有美丽心灵，感悟生命价值。

★ 有志者往往精神富有，富有者往往精神贫穷。

★ 形态好，影响就好；影响好，成事就易。

★ 人是万能之主，钱是万能之物。

★ 金子放在哪里都闪光，人才无论做啥都成功。

★ 金钱是个宝，是成人成事的帮手；金钱也是魔，是毁人毁事的杀手。

★ 金钱为人所用，会给人带来幸福；人为金钱所用，会给人带来痛苦。

★ 金钱是人的命脉，人是金钱的主人。

★ 人无钱不能幸福，人有钱买不到幸福，人钱多能毁幸福。

★ 人是金钱的主人，金钱是人的工具。

★ 单纯追求外表完美，就是人格不完美者。

★ 信命者命不好，抗命者好运来。

★ 相濡以沫只有心爱人，肝胆相照只有真朋友。

★ 相见是天意，再见是人意。

★ 烦恼是自找，快乐是忘怀。

★ 相遇是缘，缘在天意；相知是分，分在人意。

★ 站高山饱览天下风光，处低谷悟出人生真谛。

★ 珍惜时间，时间给予的回报是成就与幸福；浪费时间，时间给予的回报是岁月与白发。

★ 珍惜拥有的生活，享受拥有的愉悦。

★ 珍惜拥有幸福，方得更多幸福；感恩帮你之人，方得更多人帮。

★ 科学使人进步，迷信使人落后。

★ 科学改造人，成就人；迷信改变人，毁掉人。

★ 科学给人阳光，迷信给人雾霾。

★ 思想是人之灵魂，心态是人之活力。

★ 思想决定命运，心态决定成败。

★ 思考问题在智商，成就事业在情商。

★ 思想是人生的指南，心态是人生的开关。

★ 思想决定行动，行动决定命运。

★ 思想是生命的灵魂，心态是人生的动力。

★ 思想决定性格，性格决定命运。

★ 怨恨，是拿别人过错来惩罚自己；感恩，是拿别人恩惠来福报自己。

★ 怨恨得心病，感恩医心病。

★ 怨恨伤人心，感恩暖人心。

★ 做人对拥有的一切满足，可使人快乐；做事对取得的成就不满足，可使人奋进。

★ 做人诚信事半功倍，做事失信事倍功半。

★ 做人不要百事通，做事专一出奇迹。

★ 做人要留退路，做事要留余地。

★ 做人无愧于一人，做事无愧于一事。

★ 做人得而不喜，做事失而不忧。

★ 做好小事是成就大事的基石，做好今天是成就明天的台阶。

★ 为人错话可谅解，处世假话决不容。

★ 做人有正气，做事有底气。

★ 做人在自强，做事在自信。

★ 做人忍得一时气，处世免却长远忧。

★ 做大事不拘小节，拘小节难成大事。

★ 做人要从小节做起，做事要从细节开始。

★ 做事有风险，成事不平凡；做事无风险，成事也平凡。

★ 做人当机立断，做事马到成功。

★ 做事在有心，成事在有志。

★ 做人要方圆，做事要圆满。

★ 做人要有气度，做事要有力度。

★ 做人要有信心，做事要有信念。

★ 做人要七分感情三分努力，做事要三分感情七分努力。

★ 做人取长补短，做事扬长避短。

★ 做好简单的事，就是不简单；做好平凡的事，就是不平凡。

★ 做人好坏一辈子，做官大小一阵子。

★ 世上万物生带不来，天下财富死带不走。

★ 做人善待自己幸福无比，处世善待别人快乐无比。

★ 做人贵在仰俯无愧于心，做事贵在褒贬无愧于人。

★ 做人在寂寞中升华，处事在喧哗中浮躁。

★ 做人健康是目的，处世快乐是真谛。

★ 做人诚为本，处世和为基。

★ 搭名人顺车，乘名人东风。

★ 谁若敷衍生命，生命就敷衍谁。

★ 冒险和成功是孪生的姊妹，不冒险就不可能有成功。

★ 逆境中容易磨炼人才造就人才，顺境中容易埋没人才毁掉人才。

★ 孩子跌倒莫要扶，让其爬起能自立。

★ 重德者往往轻利，缺德者往往重利。

★ 理想是迈上成功的台阶，行动是迈进成功的门槛。

★ 顺境造就幸运儿，逆境造就伟大人。

★ 逆向思维可使人摆脱困境，超前意识可使人创出奇迹。

★ 说“不”是个大学问，既要敢说“不”，又要善说“不”，更要会说“不”。

★ 信仰科学成就人生，信仰邪教毁掉人生。

★ 借鉴成功经验，是走向成功的明镜；汲取失败教训，是走向成功的捷径。

★ 驾驭汽车在方向，驾驭命运在思想。

★ 受人帮助，往往会让人滋生惰性；遭人打击，往往会激人奋起。

★ 命运由人定则成，命运由天定则败。

★ 诚信造就人格，自信成就人生。

★ 诚信成就人，失信毁掉人。

★ 诚信做人之本，信誉做事之本。

★ 诚信是人生通行证，信誉是人生免检牌。

★ 诚信塑造形象，自信成就人生。

★ 诚信是获得成功的无形资产，信誉是获得成功的通行证。

★ 苦难是强者的垫脚石，磨难是懦夫的拦路虎。

★ 舍去并不意味着失去，往往会得到更多；得到并不意味着拥有，往往会失去更多。

★ 荣誉是人的精神财富，信誉是人的无形资产。

★ 荣誉留给子孙，常常使之引以为荣奋发向上；财富留给子孙，往往使之养尊处优不思进取。

★ 信誉是人格的象征，荣誉是成功的象征。

★ 选择目标要慎重，树立目标要准确，实现目标要努力。

★ 信心是成功的支柱，信念是成功的基石。

★ 勇敢者面向光明，恐惧者面向黑暗。

★ 真诚者所向无敌，虚伪者出师不利。

★ 真功夫是练出来的，千里马是遛出来的。

★ 真诚者得到的是幸福，侥幸者得到的是痛苦。

★ 真朋友常常精神鼓励，假朋友往往物质刺激。

★ 热爱生活的人，看到的是阳光；厌恶生活的人，看到的是阴霾。

★ 热情是取之不尽的精神财富，冷淡是伤人害己的精神魔鬼。

★ 越炫耀什么的人，就越缺少什么；越掩饰什么的人，就越自卑什么。

★ 常快乐的人是用我跟不胜我者比，越比越快乐；常伤感的人是用我给胜我者比，越比越伤感。

★ 宽容他人，释怀自己。

★ 宽容是生存的智慧，怨恨是毁人的魔鬼。

★ 积极是一种心态，消极是一种病态。

★ 悟透生活真谛，过好快乐日子。

★ 越感恩福报越多，越怨恨痛苦越多。

★ 越感恩情越浓，越怨恨仇越深。

★ 钱为人用钱是福，人为钱用钱是祸。

★ 君子有钱更君子，小人有钱更小人。

★ 理论成功者，等于实践成功；实践成功者，等于理论成功。

★ 精神交友长，物质交友短。

★ 神之交往情常在，物之交往情即逝。

★ 厚德能立信，宁静能致远。

★ 积德人一生平安，作恶人天地难容。

★ 帮人者得道多助海阔天空，损人者失道寡助山穷水尽。

★ 宽容是人的涵养，放下是人的智慧。

★ 挫折使有志者崛起，磨难使无志者跌到。

★ 欲做人老师，先拜人为师。

★ 欲望过多难负重，淡泊人生最轻松。

★ 欲探学海须搏击，要上书山要登攀。

★ 欲想成就事业，须得真诚做人。

★ 起点高做大事，调子低做实事。

★ 能做出头事，不做出头人。

★ 能力在努力中提高，成就在努力中得到。

★ 能忍屈辱负重任，历经魔难志高远。

★ 清官与贪官，为公与为私。

★ 新路是无畏者闯出来的，奇迹是有志者创出来的。

★ 洞察秋毫者，必成大器；走马观花者，必然失败。

★ 道德情操见人格，平凡真诚见伟大。

★ 减去心头欲望，医好心中烦恼。

★ 人以技为长，事以新为奇。

★ 名誉等于人生命，金钱美女如云烟。

★ 获利最大的投资是感情，福报最多的投资是感恩。

★ 重承诺才能做人，守信用方能做事。

★ 梦想设计人生，奋斗实现梦想。

★ 积极心态是成功之种，消极心态是失败之根。

★ 帮我者永世记恩，我帮者事过淡忘。

★ 帮人钱不如教人赚钱，帮人做事不如教人做事。

★ 没有梦想等于没有生命，没有目标等于没有灵魂。

★ 热爱生活就是热爱自己，厌恶生活就是折磨自己。

★ 快乐是对拥有的满足，幸福是对拥有的如意。

★ 善于给别人面子，也是给自己面子。

★ 爱人就会被人爱，恨人就会被人恨。

★ 爱是美好之种，恨是万恶之根。

★ 占便宜者，得不偿失；能吃亏者，塞翁失马。

★ 原谅一切就是最大的解脱，知足拥有就是最大的释怀。

★ 原谅他人既彰显自己胸怀又解开自己心结，益人益己；宽容他人既使他人感恩又放下自己包袱，利人利己。

★ 给予就会被给予，索取就会被索取。

★ 浪费他人时间，等于谋财害命。

★ 要做金钱的主人，不做金钱的奴隶。

★ 要有真功夫，就得下功夫。

★ 要赢得别人尊重，先学会尊重别人。

★ 要想改变命运，首先改变心态。

★ 虚心好学者，为人谦恭；不学无术者，为人自大。

★ 岁月使人增里减，读书使人苦中甜。

★ 弱者在挫折中跌到，强者在挫折中崛起。

★ 感恩是获得幸福之源，抱怨是毁掉幸福之根。

★ 富有知足感者，时刻在传播快乐；富有同情心者，时刻在传播幸福。

★ 做人人从容，做事事通融。

★ 模仿他人形象，永无自己存在。

★ 临摹他人艺术，永无自己形象。

★ 帮助别人解决困难，也为自己解脱困境。

★ 遇事敢于承担责任是英雄，遇事善于推卸责任是懦夫。

★ 金钱美女人最爱，人无健康等于零。

★ 健康是人第一位，金钱美女“一”后“○”。

★ 健康不是人一切，人没健康没一切。

★ 健康莫贪吃，健身莫悠闲。

★ 健康之路在行走，强身之路在运动。

★ 驾驭命运者，是成功人；命运驾驭者，是失败人。

★ 驾驭时间者，是成功人生；时间驾驭者，是失败人生。

★ 率直和坦诚受人欢迎，做作和虚伪遭人唾弃。

★ 敢想出敢干，会想出巧干。

★ 悬崖勒马为时不晚，苦海无边及早回头。

★ 悲观不在环境在心境，乐观不在视觉在感觉。

★ 悲欢离合即生活，生老病死即人生。

★ 悲痛时要一个人躲起来哭，快乐时要天下人陪你笑。

★ 善舍的人聪明富有，好得的人愚蠢贫穷。

★ 善良人左右金钱，给社会带来和谐；贪婪人左右金钱，给社会造成罪恶。

★ 善意的谎言，是为人的一种策略；恶意的谎言，是骗人的一种烟幕弹。

★ 善待别人，就是善待自己；帮助他人，就是帮助自己。

★ 想他人想不到的人，就是不平凡的人；做他人做不到的事，就是不平凡的事。

★ 想是做的前奏，做是想的实施。

★ 强者是自信撑腰，弱者是自卑困扰。

★ 强者意味着成功，懦夫意味着失败。

★ 强者战胜困难，懦夫被难所困。

★ 强者在战胜困难中显示伟大，弱者是在被困难绊倒中显示渺小。

★ 最大的快乐莫过于帮助人，最大的不安莫过于欠人情。

★ 付出是没有存折的储蓄，不劳而获是没字据的贷款。

★ 韬光养晦麻痹对手，养精蓄锐成就自己。

★ 装傻是智慧，是为迷惑对手；逞能是愚蠢，是为表现自己。

★ 富贵而志短是庸人，贫穷而志长是高人。

★ 人格如命第一位，金山银山“一”后“○”。

★ 道德造就人格，人格决定命运。

★ 感恩之心成就自己，抱怨之心毁掉自己。

★ 感恩是一种人格文明，怨恨是一种自我作践。

★ 境界高益寿，心胸宽延年。

★ 算命是假骗钱是真，命运是假拼搏是真。

★ 聪明在先天，作为在后天。

★ 聪明加实践，等于事业成。

★ 聪明人装糊涂，是大智；糊涂人耍聪明，是大愚。

★ 智慧加勤奋，等于人成功。

★ 智商是司令，情商是政委，两者俱兼备，万事皆成功。

★ 最高尚人格是真诚，最低级人格是虚伪。

★ 为人慷慨付出，处世海阔天空。

★ 谋事在于智商，成事在于情商。

★ 富贵之种是有志，贫穷之根是无志。

★ 赌咒是迷人的烟幕弹，发誓是骗人的鬼把戏。

★ 勤俭使人向上，奢侈使人惰落。

★ 勤奋是奔向成功的金刚石，努力是走向成功的垫脚石。

★ 勤俭是人幸福之本，懒惰是人不幸之源。

★ 掌握自己时间分秒运用，是掌握自己前途和命运。

★ 磨难是成就人生的熔炉，坎坷是成就人生的阶梯。

★ 微笑是人的修养和涵养，礼貌是人的素质与文明。

★ 谦虚是成功之本，骄傲是失败之根。

★ 谦虚是学长补短，骄傲是拿长比短。

★ 凝聚人生智慧，激扬成功人生。

★ 为人看清勿说清，说清了伤情；处世看透勿说透，说透了伤心。

★ 做人不要出风头，做事须要出风头。

★ 做人不做出头人，做事须做出头事。

★ 做人不露声色，做事一鸣惊人。

★ 微笑是高雅的装饰，倾听是便捷的沟通。

★ 自信是成功的使者，自强是成功的利器。

★ 心清事则明，心浊事则暗。

★ 心痴当事迷，心悟当事明。

★ 人与人利益是绝对的，友与友情义是相对的。

★ 只有永远的利益，没有永远的情义。

★ 青年要有拼命精神，老年要有惜命精神。

★ 看猫画虎者生，比葫芦画瓢者死。

★ 得道得人缘，失道失人脉。

★ 厚道得人心，霸道失人意。

★ 青年创业要拼命，老年享受要惜命。

★ 做人借力在人缘，做事借力在人脉。

★ 为人相遇在天，相识在人；处世相见在缘，相知在分。

★ 为人相聚易，处世相依难。

★ 心存感恩，友情越走越近；胸怀挂念，感情不离不弃。

★ 心中有希望，生活有快乐。

★ 人与人要互动，心与心要呵护。

★ 境界决定人世界，胸怀决定人格局。

★ 做人不怕没名气，做事只要有成就。

★ 眼光决定境界，格局决定胸怀。

★ 做人沉得下去，做事浮得起来。

★ 做人埋头修炼，做事出头露面。

★ 只有把成绩作为逗号，才有人生圆满句号。

★ 为人包容有多少，处世人脉有多少。

★ 做人胸怀多大，处世舞台多大。

★ 做人境界多高，做事起点多高。

★ 为人胸怀多宽，处世道路多宽。

★ 谋事境界多高，成事终点多高。

★ 为人一半清醒一半糊涂，处世大事清楚小事不究。

★ 聪明人，越“糊涂”人生越辉煌；糊涂人，越“聪明”人生越暗淡。

★ 立竿见影做人，雷厉风行做事。

★ 认识人在缘分，了解人在时间。

★ 交往人在真诚，相处人在肚量。

★ 大爱大世界，小爱小世界。

★ 有爱有世界，无爱无世界。

★ 常行走走出健康，常坐车坐出疾病。

★ 做人越讲人情，做事越做不成。

★ 做人底线是良心，做事底线是恒心。

★ 做人莫道天生笨，成事在于自打拼。

★ 谋事才华在天赋，成事才干在人赋。

★ 谋事在智商，成事在情商。

★ 谋大事在境界，成大事在胸怀。

★ 谋事成功在智商，做事成功在情商。

★ 只有开花才会结果，只有付出才有收获。

★ 做官贪污受贿，犹如明抢暗盗。

★ 做官贪赃枉法，无异抢劫偷盗。

★ 清官为民忧，赃官为己贪。

★ 做人悟道理论新，做事悟道事迹奇。

★ 做人悟道有智慧，做事悟道有成就。

★ 不怕人生不成功，只怕时间不够用。

★ 练功有岁月，成功有时日。

★ 学艺有时日，成名有时间。

★ 练功光阴苦，成功岁月甜。

★ 吃喝是手段，健康是目的。

★ 为人之道在舍得，处世之道在宽容。

家庭和睦，万事兴隆

★ 有缘在天定，有分在人定。

★ 有缘无分仅相识，有缘有分可相知。

★ 有缘无分交一次，有缘有分交一生。

★ 有缘可相见，有分可再见。

★ 有缘千里相会，有分一生相知。

★ 有缘是天意，有分是人意。

★ 男女相识是缘，相爱是分；朋友相遇是缘，相知是分。

★ 男人如山是女人坚强靠山，女人如水是男人温馨港湾。

★ 男人如伞为女人遮风挡雨，女人如家为男人乘凉避寒。

★ 夕阳余晖洒，晚霞染天红。

★ 老有所为夕阳红，老有所乐寿延年。

★ 不羡青发爱，只羡白发亲。

★ 青发相爱是本能，白发相爱是本分。

★ 好女人在心不在色，好妻子在德不在貌；好男人在德不在才，好丈夫在仁不在富。

★ 陪丈夫吃苦是好女人，陪妻子享福是好男人。

★ 好妻子贵与夫有苦同吃，好丈夫贵与妻有福同享。

★ 当子女孝顺父母，当父母子女孝顺。

★ 在外创业需激情，在家团聚需热情。

★ 老有所为健康长寿，老有所乐延年益寿。

★ 男人是女人的中流砥柱，女人是男人的温馨港湾。

★ 男人是家庭的司令，女人是家庭的政委。

★ 男人是家的天，有天有日月；女人是家的地，有地有生活。

★ 男人是家中太阳，女人是家中月亮。

★ 男人是女人挡箭牌，女人是男人避风港。

★ 男人贵在坚强，女人贵在贤淑。

★ 男人贵在阳刚，女人贵在温柔。

★ 男人伟岸如山，女人温情似水。

★ 男人是女人天，女人是男人地。

★ 男人是女人希望，女人是男人归宿。

★ 男人是女人伞，女人是男人家。

★ 穷日子家和在妻贤，富日子家和在夫仁。

★ 花前月下是演戏，风雨同舟是真情。

★ 妻贤夫心宽，夫仁妻心安。

★ 家中有贤妻，生活甜如蜜。

★ 爱是幸福之种，恨是灾祸之根。

★ 爱则可养生，恨则可伤身。

★ 爱开幸福花，恨结灾难果。

★ 爱心开启光明，怨恨陷入黑暗。

★ 爱心是春天的花朵，怨恨是严冬的冰雪。

★ 爱人成于人，恨人绝于人。

★ 爱人人人爱，恨人人人恨。

★ 爱心成仁人，贪心成罪人。

★ 爱心昭日月，贪心毁岁月。

★ 勤劳乃财富之父，俭朴乃财富之母。

★ 人生百善首尽孝，一世成功先得道。

★ 人讲道德乾坤美，国绘蓝图日月新。

★ 女人没男人心空虚，男人没女人家空虚。

★ 婚姻如意精神富有，家庭如意物资富有。

★ 一片热情温似火，万份爱意暖如春。

★ 人在难中强，志在苦中长。

★ 大鱼大肉伤身体，淡饭淡茶益健康。

★ 生命父母给，命运自己定。

★ 美女加才女，等于人成功。

★ 才女是瑰宝，有缘是天成。

★ 子女是父母生命的全部，父母是子女生命的一部。

★ 少儿是一张白纸，父母是书画大师。

★ 少儿是一块原料，父母是雕刻工匠。

★ 女贤家温馨，男贤家昌盛。

★ 孩子从小能自立，成人长大能自强。

★ 孩子从小有自信，成人长大有信心。

★ 天有爱心花开早，地无寒意叶落迟。

★ 天下河山遍地金，欲得唯有日耕人；勤劳生长摇钱树，俭朴制成聚宝盆。《七绝·感悟》

★ 父母赋予生命，自己赋予命运。

★ 父母给予生命，自己赋予命运。

★ 心中知感恩，处处是阳春；心中埋怨恨，处处是严冬。

★ 为人雅量能增寿，处世海涵可延年。

★ 今朝心洒真情种，明日手捧幸福花。

★ 好女人是男人成功路的垫脚石，好男人是女人生活中的一堵墙。

★ 好男人痛恨陈世美，好女人痛恨潘金莲。

★ 生命需要运动，运动有益生命。

★ 只有感恩父母，才会家庭幸福。

★ 夫妇互相感恩，夫妻相敬如宾。

★ 只有做好合格家长，才能培养合格孩子。

★ 只有热爱父母，才会真心爱人。

★ 对孩子溺爱，是无意伤害。

★ 对孩子说话要算数，承诺大小要兑现。

★ 在家善帮人，出外人善帮。

★ 在家不欺人，出外无人欺。

★ 在家多行善，出外善事多。

★ 在家看到一日三餐，出外看到大千世界。

★ 有同情心才能利人，有谅解心才能容人。

★ 有缘在天意，结缘在人意。

★ 颂扬伟大母亲，贵在伟大奉献。

★ 夫妻和谐快乐多，家庭和谐幸福多。

★ 男人擅长创业，女人擅长守业。

★ 男人做事敢闯，女人做事细致。

★ 男人是筑路工，女人是护路队。

★ 男人是天女人是地，天地和谐孕育万物。

★ 男人最大资本是有个风雨同舟的女人，女人最大财富是有个辱荣与共的男人。

★ 孝敬父母不能等，教育孩子不能拖。

★ 孝敬父母是天道，教育孩子是天职。

★ 孝顺父母天经地义，不孝父母天诛地灭。

★ 度大者能容人，量宽者可纳福。

★ 两人分担一个痛苦，就化解了心中痛苦；两人分享一个幸福，却成了共同幸福。

★ 志是人生宝，越苦志越高；诚是人生路，越诚路越宽。

★ 快乐是笑出来的，痛苦是愁出来的。

★ 青发相爱是爱情，白发相爱是真情。

★ 施仁与人，得仁于己。

★ 美言颂他人，美誉留自己。

★ 美女是把双刃剑，成事坏事在人为。

★ 美女是柄双刃剑，成人伤人在把握。

★ 美女多祸水，迷恋多是非。

★ 春有爱心花开早，秋无寒意叶落迟。

★ 原谅他人是释怀，仇恨他人是积怨。

★ 孩子从小能自立，长大才能有出息。

★ 树木成材要早修，孩子成材要早教。

★ 孩子从小吃点苦，长大才能有出息。

★ 闻其声知其人，见其事知其本。

★ 终日求鸿运，何时万贯真；一生勤劳动，朝夕遇财神。《五绝·悟》

★ 耕耘生快乐，勤劳得幸福，

★ 真爱是无私的付出，假爱是无耻的占有。

★ 妻贤寒也暖，夫仁苦也甜。

★ 妻贤夫心宽，男人三生幸；男仁妻心安，女人三生福。

★ 妻贤东风多，男贤成就多。

★ 妻贤小家旺，夫仁大业兴。

★ 家庭父母为大，国家百姓为大。

★ 家有银山何算富？屋藏万卷胜黄金；一生大展凌云志，发奋读书先树人。《七绝·感悟》

★ 家常便饭待知己，丰盛筵席待贵宾。

★ 家庭是讲亲情的地方，要以情服人；社会是讲真理的地方，要以理服人。

★ 家庭是温馨港湾，婚姻是幸福殿堂。

★ 家庭是幸福的基础，婚姻是幸福的源泉。

★ 家中有贤妻，男人添翼飞。

★ 家有贤妻在，男人底气足。

★ 家有贤内助，男人有成就。

★ 家有贤内助，男人无后忧。

★ 家里妻子贤，生活苦也甜。

★ 家中妻子贤，男人事业兴。

★ 家中妻子贤惠，外面男人成功。

★ 为人孝为上，处世德为先。

★ 人帮人世上没难关，心暖心天下没难事。

★ 人帮人天下没苦人，心暖心世上没寒人。

★ 人帮人人人快乐，心暖心家家幸福。

★ 人帮人人人文明，心暖心家家和谐。

★ 人帮人社会精神文明，心暖心社会物质文明。

★ 爱似阳春山河暖，恨如残雪日月寒。

★ 爱心生乐，怨恨生悲。

★ 爱是天堂，恨是地狱。

★ 爱是三月阳春，恨是三九隆冬。

★ 爱心是春风，怨恨是残雪。

★ 爱心是百花春，怨恨是三九冬。

★ 爱心是美好使者，仇恨是罪魁祸首。

★ 爱心是光明的使者，怨恨是黑暗的夜幕。

★ 爱心如天仙，怨恨似魔鬼。

★ 爱人者聪明，恨人者糊涂。

★ 爱人者得道，恨人者失道。

★ 爱人得道得到一切，恨人失道失去一切。

★ 爱人讲贡献，损人讲贪婪。

★ 爱人者可敬，恨人者可悲。

★ 爱人者等于爱自己，恨人者等于恨自己。

★ 爱心暖人间，贪心毁人生。

★ 爱人者人敬，损人者人损。

★ 爱心树丰碑，贪心竖墓碑。

★ 爱人者人爱，恨人者人恨。

★ 爱情是生命之火，真情是生命之花。

★ 爱情是真诚与关爱，真情是奉献与包容。

★ 陪男人过苦日子是好女人，陪女人过富日子是好男人。

★ 眼高者难如愿，心宽者能长寿。

★ 子女孝顺父母，既要言孝又要行孝，行孝重于言孝；父母教育孩子，既要言教又要身教，身教重于言教。

★ 患难与共的女人是忠烈贞节，荣华共享的男人是高风亮节。

★ 喜怒哀乐是生活，悲欢离合是人生。

★ 情到深处易生怨，恨到深处易生怒。

★ 想使孩子有出息，让其打小多吃苦。

★ 感恩是人生的成功与美德，怨恨是人生的失败与绝路。

★ 婚姻是生命之花，孩子是生命之果。

★ 婚姻美满是人生精神的动力，家庭和谐是人生成功的基石。

★ 婚姻幸福，取决感情不是物质；家庭幸福，取决亲情不是金钱。

★ 精神是幸福的财富，健康是幸福的基础。

★ 感恩于他人，拔高于自己。

★ 感恩父母生我，感恩天地养我，感恩朋友挺我，感恩时代成我。

★ 感恩父母生育养育我，感恩亲人关心支持我，感恩朋友点赞帮助我，感恩敌人打击激励我。

★ 雁过长空贵留声，人活一生贵留名。

★ 痴心父母天下多，孝敬子孙世上少。

★ 勤劳是摇钱树，俭朴是聚宝盆。

★ 摘星揽月借天梯，万里鹏飞俩翅依，君问吾生成事故？东风常有靠贤妻。（《七绝·咏妻》）

★ 孝敬父母是承前，教育子女是启后。

★ 孝敬父母是责任，教育子女是使命。

★ 不看青发相亲，只看白发相扶。

★ 父母有的往往子女都有，子女有的往往父母少有。

理想广远，成就事业

★ 敢闯足为路，敢攀人为峰。

★ 难成惊人之人，须成惊人之事。

★ 做人不在世人后，做事须在前人先。

★ 天地虽大无容难容己，世人虽多无容难处人。

★ 天地虽大无诚难做人，世人虽多无信难交人。

★ 世界虽大无德难立身，天地虽宽无德难行走。

★ 谁争朝夕，时间为谁树碑丰；谁混光阴，时间为谁竖墓碑。

★ 实践验证真理与谬理，时间验证伟人与伪人。

★ 为百姓谋福是人民公仆，为贵族谋富是人民公贼。

★ 为多数人服务是百姓福星，为少数人服务是百姓灾星。

★ 天生人之无重复，塑造自我乃创新。

★ 创新是无中有，守旧是有中仿。

★ 创新向辉煌，守旧向雾霾。

★ 难做轰轰烈烈人，须做轰轰烈烈事。

★ 境界高做人起点高，胸怀大做事成事大。

★ 境界是做人的缩影，胸怀是做事的写真。

★ 境界是为人的高度，胸怀是处世的宽度。

★ 境界高人比天高，胸怀宽心比地宽。

★ 理想远大使人奋勇前进，胸怀天下使人奋斗不止。

★ 境界决定做人的起点与终点，胸怀决定做事的选择与成就。

★ 不做光阴过客，要做岁月主人。

★ 不怕人生没辉煌，就怕人生无梦想。

★ 不怕人生无光明，就怕人生没希望。

★ 温室长娇草，雪山拔劲松。

★ 敢想理论新，敢干事迹奇。

★ 人在创新中前进，事在创新中成功。

★ 千里始足下，未来始今日。

★ 天经风雨清，人经风雨智。

★ 天经风雨有彩虹，人经风雨有精彩。

★ 天经风雨清新，人经风雨清醒。

★ 天经风雨天高，人经风雨人强。

★ 心中有梦想，人生有希望；心中有目标，人生有辉煌。

★ 心中有希望，生活有阳光。

★ 心境豁达天有路，胸怀狭窄地无门。

★ 心胸开阔乾坤大，眼界放宽日月新。

★ 风雨过后见阳光，曲折过后见光明。

★ 为人无我福如海，处世唯人寿比山。

★ 不付代价无成就，不经磨难不成才。

★ 今朝埋头苦干，他日出头露面。

★ 只有开阔思路，才能开拓出路。

★ 只有新观点，才有新起点。

★ 只有想到前所未有的人，才能做出前所未有的事。

★ 只有敢为天下先的人，才做敢为天下先的事。

★ 只有放飞梦想，才能创新未来。

★ 生命在于追求，理想在于奋斗。

★ 成就在今天，希望在明天。

★ 希望不泯，光明永在。

★ 希望孕育光明，梦想孕育成功。

★ 希望是人生的曙光，理想是人生的太阳。

★ 做人可生天下后，做事须走天下先。

★ 快乐在追求中，幸福在释怀中。

★ 做人成功借经验，做事失败鉴教训。

★ 一碗米养恩人，一斗米养仇人。

★ 大爱暖己暖人成自己，大欲损人损己毁自己。

★ 交友在掏心掏肺，处友在真心真意。

★ 为人不要甜言蜜语，处世贵在真心诚意。

★ 做人不在多么灿烂，做事贵在多作贡献。

★ 做人存异求同，做事立异标新。

★ 天赋是成事基础，人赋是成事保障。

★ 智慧谋划成事，勤奋实施成功。

★ 得道者想到得到，失道者想到失掉。

★ 清官为人民公仆，贪官为人民公贼。

★ 不付出就想得到，如变相抢劫偷盗。

★ 青年创业奋发早，老年创业夕阳红。

★ 青年创业要拼命，老年守业要惜命。

★ 难成擎天之人，须做惊天之事。

★ 有梦人抢时间，无梦人混光阴。

★ 阳台长花草，峭壁长竹松。

★ 敢拼者人赢，敢创者事成。

★ 埋头苦干有时日，出头露面有时间。

★ 埋头贵坚持，出头贵本事。

★ 有梦天天追逐，无梦日日闲游。

★ 人人天生各立异，事事塑我自标新。

★ 欲成棵大树，勿忽视小草。

★ 要成参天大树，先做绿地小草。

★ 不能成大树，亦要成劲草。

★ 为人多行善事，处世好事盈门。

★ 学哲学独具慧眼，用哲学洞察世界；学科学独具匠心，用科学改造世界。

★ 知识创造生活，知识创造幸福；劳动创造物质，劳动创造精神。

★ 知足使人快乐，如意使人幸福。

★ 有梦者日月甜，无梦者岁月苦。

★ 好生气伤人害己，会争气益人成己。

★ 做人不要生气要争气，做事不要斗气要斗志。

★ 吃碗里占着锅里损人伤己，享拥有弃莫须有利人益己。

★ 人不为人，人难为己。

★ 人不能成全人，人难能成全己。

★ 有气不生气是胸怀，无气要争气是境界。

★ 有气不生气是涵养，无事不生事是修养。

★ 该气不气是镇静，该乐不乐是淡定。

★ 做人超脱在境界，做事超脱在胸怀。

★ 人不由命运，命运自由人。

★ 人正难见鬼，人邪与鬼伴。

★ 时间由人则成，人由时间则败。

★ 命运由人则赢，人由命运则输。

★ 人用心做人成功，事用心做事成就。

★ 人不放弃追求，事毕到达成功。

★ 人不由命定，命自由人定。

★ 凡事不放弃，势必如人意。

★ 执着追求，成功由人定；放弃追求，失败由天定。

★ 做人敢闯出新路，做事敢创出奇迹。

★ 命由人定人成功，人由命定人失败。

★ 天由人主成就人，人由天主毁掉人。

★ 境界高人行天下，胸怀大事成伟业。

★ 境界高理想远大，胸怀大功成千秋。

★ 人正难见鬼，人邪多遇魔。

★ 玩弄他人感情，害人伤己游戏。

★ 痛痛快快做人，坦坦荡荡做事。

★ 若在名人后边行，永远没有自己名。

★ 精神文明是物质文明的支柱，物质文明是精神文明的基石。

★ 精神文明是物质文明的灵魂，物质文明是精神文明的载体。

★ 谋事在人，成事在人。

★ 做人高低在境界，做事大小在胸怀。

★ 天高没人境界高，地大没人胸怀大。

★ 胸怀大成大事我为主，境界高攀高山我为峰。

★ 人不吃苦难成功，艺不入魔难成名。

★ 希望产生正能量，失望产生负能量。

★ 希望使人快乐，失望使人痛苦。

★ 希望使人天地大，失望使人世界小。

★ 希望使人成功，失望使人失败。

★ 希望使人心态积极，失望使人心态消极。

★ 希望予人健康，失望予人疾病。

★ 希望赋人阳关道，失望赋人独木桥。

★ 成功者抢时间，失败者混光阴。

★ 成功者时间不够用，失败者时间用不完。

★ 成功人生时间是无形资产，失败人生时间是无际荒漠。

★ 成功者时间为其树丰碑，失败者时间为其竖墓碑。

★ 争朝夕时间是宝藏，混光阴时间是坟墓。

★ 精神是人的无穷力量，时间是人的无穷财富。

★ 时间是取之不尽的物质财富，精神是用之不竭的物质力量。

★ 谁争朝夕时间给谁树丰碑，谁混光阴时间给谁竖墓碑。

★ 人不饶岁月，天天业新；岁月不饶人，日日人衰。

★ 人不饶岁月，岁月给人树丰碑；岁月不饶人，岁月给人竖墓碑。

★ 人不饶岁月，岁月有情成就人；岁月不饶人，岁月无情吞没人。

★ 时间由人想啥啥成，人由时间想啥啥空。

★ 看待时间贵贱之别，就是人生贵贱之分；利用时间多少之别，就是人生成败之分。

★ 吃亏使人高尚，沾光使人低俗。

★ 吃亏使人伟大，沾光使人渺小。

★ 吃亏是人的荣誉，沾光是人的悲哀。

★ 拼一生春夏秋冬，赢一生其乐无穷。

★ 拼一生春夏秋冬，赢一世无悔人生。

★ 攀一世高山峻岭，赢一生我为高峰。

★ 拼一生春夏秋冬，赢一世成功人生。

★ 人在苦中长，事在苦中成。

★ 艺术苦中生，高峰苦中达。

★ 知识苦中求，事业苦中兴。

★ 用心做人人成功，用心做事事成就。

★ 真诚做人人成仁，真诚做事事成事。

★ 明星做广告，忽悠老百姓。

★ 人生如博弈，敢拼才会赢。

★ 为死人讲排场，是活人显风光。

★ 不看人从哪里来，而看人往哪里去；不看人先做啥事，只看人今成啥事。

★ 不看人话说得好，只看做人品质好；不看原来人做啥，只看今天成就啥。

★ 成绩是人生的逗号，逗号要多；辉煌是人生的句号，句号要圆。

★ 晚宴会亲朋，多吃喝伤身，少吃喝伤情。

★ 做人走正道，做事靠勤劳。

★ 谋事在天赋，成事在人赋。

★ 谋事在智慧，成事在拼搏。

★ 新路坎坷向成功，老路平坦通失败。

★ 新路曲折通光明，老路顺畅向雾霾。

★ 闯新路是创新，走老路是守旧。

★ 闯新路出新人，走老路出庸人。

★ 闯新路柳暗花明，走老路山穷水尽。

★ 闯新路大显身手，走老路没有作为。

★ 创新通光明，守旧向黑暗。

★ 创新向成功，守旧通失败。

★ 清官忧民忧国，赃官扰民盗国。

★ 一世成功须忘我，百年建树要雄心。

★ 人类的梦想，是时代的火车头；人生的梦想，是人生的火车头。

★ 为人人高尚，为己人渺小。

★ 人生有梦想，生活有精彩。

★ 人生有梦想做人才辉煌，人类有梦想社会才飞跃。

★ 人生有梦想，生命红似火。

★ 人生在天地间，生活在希望中。

★ 人生分成败，输赢在心态。

★ 人成就事业，事业成就人。

★ 人在做事中成长，事在人做中成就。

★ 人生贵在创新，创新贵在成果。

★ 人生贵在超越，超越贵在创新。

★ 人生有追求，生活有乐趣。

★ 人生有梦想，前程有希望。

★ 人生价值不在多少财富，而是在于贡献多少财富。

★ 人类在举一反三中创新，社会在触类旁通中发展。

★ 做人在忘我中前进，做事在忘我中辉煌。

★ 人在追求中成功，事在追求中成就。

★ 人生在追求中完美，生活在追求中美好。

★ 人生有梦想，生活有希望。

★ 做人有梦想，做事有力量。

★ 做人多大胸怀，成就多大事业。

★ 做人多高境界，做事多高标准。

★ 人生要前进，凡事要创新。

★ 人讲信誉若黄金，人失信誉如粪土。

★ 人生之路在攀登，莫道荆棘亦欲冲；壮志不移终搏击，条条途径向成功。（《七绝·路》）

★ 万事之成功，皆在奋斗中。

★ 万事成功从无起，千秋建树从零兴。

★ 万里鹏程双翼搏，千秋大业一生拼。

★ 凡是只要真诚在，没有事情做不成。

★ 个人利益大也小，大家利益小也大。

★ 不想争第一，难圆冠军梦。

★ 不做天下第一人，要做天下第一事。

★ 要想超越别人，先要超越自己。

★ 不怕人生不成功，就怕人生不拼搏；不怕人生没奇迹，就怕人生不创新。

★ 想出前所未有的道理是理论创新，做出前所未有的事迹是实践创新。

★ 做人要做前所未有的人，做事要做前所未有的事。

★ 只有理论创新，才有实践创新；只有实践创新，才能成果创新；只有成果创新，才有奇迹创新。

★ 不怕人生不成事，就怕人生不做事；不怕人生不成功，就怕人生不攀登。

★ 为人有远虑，处世无近忧。

★ 天赋加勤奋等于天才，天才加拼搏等于奇迹。

★ 天下视为己任，人生创造奇迹。

★ 与人为善得益于己，与邻为善安乐于己。

★ 心中有理想，成功已在望。

★ 心态决定命运，行动决定成败。

★ 心中有希望，前进有方向；心中有梦想，做事有目标。

★ 心胸不大乾坤小，眼界放高天地宽。

★ 心态积极向上，事业蒸蒸日上。

★ 心态悲观消极，人生百事蹉跎。

★ 心中充满阳光，全身才会灿烂；心中充满欢乐，春风才会抚面。

★ 心境豁达人长寿，肚大量宽人健康。

★ 心唯我是庸人，心唯人是贤人。

★ 心态决定习惯，习惯决定命运。

★ 心态积极，看到的都是光明与美好；心态消极，看到的都是雾霾与丑恶。

★ 风雨过后天晴朗，磨难过后人辉煌。

★ 风雨磨砺人，风雨成就人。

★ 为人无邪难见鬼，做事有德自遇神。

★ 为人知己知彼，处世利人利己。

★ 不与上级争理，不与下级争利。

★ 不与上级争名，不与下级争功。

★ 今日埋头苦干，他日出头露面。

★ 只有为他人创利益，才能为自己创效益。

★ 只要有奋斗，才有新成就；只要有拼搏，才有新成果。

★ 心中希望大，生活快乐多。

★ 心中有希望，人生喜洋洋。

★ 做人有希望，做事有方向。

★ 做人精神不倒，做事事业终成。

★ 只有完成今天任务，才能实现终生目标。

★ 人只要追求，事必有成就。

★ 只为成功找方法，不为失败找理由。

★ 只有填补世界之无，才能创出世界之有。

★ 只有不怕曲折，才会看到光明。

★ 只有不怕失败，才能走向成功。

★ 做人只有真诚，做事才能成功。

★ 只有做事认真，才能梦想成真。

★ 做人创意新，做事成果新。

★ 做人只有自信，做事才能自强。

★ 只有辛苦的付出，才有甜蜜的回报。

★ 只有想到前所未有之人，才能做出史无前例之事。

★ 只有付出辛苦，才能换来幸福。

★ 只有掌握科学，才能改天换地。

★ 只有认识自然，才能战胜自然。

★ 只有走出旧习惯，才能创造新世界。

★ 只有认识自己，才能认识世界；只有改造自己，才能改造世界。

★ 只有思想创新，才能理论创新；只有理论创新，才有成果创新。

★ 只有想不到的人，没有做不到的事。

★ 只要人想到，就会人做到。

★ 只有满怀希望，才能勇往直前。

★ 只有心装天下人，才能成就天下事。

★ 只有心系百姓，才能勤政为民。

★ 只有实现小目标，才能实现大目标。

★ 正能量使人阳光，负能量使人阴暗。

★ 正能量使人快乐，负能量使人痛苦。

★ 对父母尽孝心，对子女尽爱心；对社会尽公心，对国家尽忠心。

★ 自信是走向成功的加油站，诚信是走向成功的通行证。

★ 民心乃国家基石，人民乃国家主人。

★ 目标来自理想，成就出自目标。

★ 壮志登天天有路，雄心入地地皆门

★ 乐观来自希望，悲观出于绝望。

★ 光明天赋前进者，成功天赐有志人。

★ 光明在前进中，成功在追求中。

★ 民威出于正，官威出于廉。

★ 伟人之伟大，事为天下公。

★ 要在已拥有中寻找快乐，不在人拥有中寻找痛苦。

★ 百姓之小事，国家之大事。

★ 百姓之心，国家之本。

★ 百姓乃上帝，民心乃天意。

★ 百姓高于上帝，民意重于泰山。

★ 自信是成功的力量，信心是成功的基石。

★ 创新是人生的出路，守旧是人生的绝路。

★ 创新推动时代发展，保守致使社会停滞。

★ 创新使社会前进，守旧使时代倒退。

★ 创新是民族魂，创新是强国本。

★ 创新在实践中孕生，奇迹在创新中出现。

★ 创新使社会生机勃勃，守旧使社会死气沉沉。

★ 创新使人前进，守旧使人倒退。

★ 创业要激情，守业要热情。

★ 创业者在追梦中享受快乐，守业者在圆梦中消磨人生。

★ 创新者奋斗今天追求明天，守旧者留恋昨天陶醉今天。

★ 创业者走新路，守业者走老路。

★ 创新者开拓进取，守业者怀旧复古。

★ 创造是社会发展的动力，创新是社会发展的生命。

★ 创新是生命的光芒，人生的价值；守旧是生命的暗淡，人生的悲哀。

★ 人生若偷懒，道路定有坎。

★ 成大事者不拘小节，拘小节者难成大事。

★ 成功出于自信，自信出于信心。

★ 有理想就有奋斗，有奋斗就会成功。

★ 有希望就没绝望，有理想就没沮丧。

★ 希望是人心中太阳，理想是人心中憧憬。

★ 希望在追求中到来，理想在奋斗中实现。

★ 希望乃未来曙光，曙光乃明天的太阳。

★ 希望是光明火种，梦想是成功火炬。

★ 希望是人生的灵魂，理想是人生的方向。

★ 希望引导光明，理想引导成功。

★ 希望给人光明，理想给人成功。

★ 希望是生命曙光，追求是生命活力。

★ 忘我者天地宽，唯我者天地窄。

★ 忘我者孚众望，唯我者人失望。

★ 知人善任，是建树大业的重中之重；忍辱负重，是成就大业的必由之路。

★ 理想远大在境界，成就大事在胸怀。

★ 拘细节者成就人生，拘大节者成就大事。

★ 青发有志喷霞早，霜鬓无愧落日迟。

★ 青年要多聪明少糊涂，才能多创佳绩；老年人要少聪明多糊涂，才能多享清福。

★ 何日梦圆真，前程靠信心；世间谁主宰，成事在于人。《五绝·圆梦》

★ 绝望孕育希望，危机孕育转机。

★ 拼命苦干，一生幸运；由命听天，一生不幸。

★ 理想是人生成功的引擎，追求是人生成功的阶梯。

★ 国家大计，百姓为大。

★ 思想是奇花，想啥能结啥。

★ 真诚是人生走向成功的天梯，虚伪是人生走向失败的深渊。

★ 度大是成功与幸福之本，量小是失败与悲伤之源。

★ 信心是成功的火炬，信念是成功的坐标。

★ 信仰是人生的方向，信心是人生的力量，信念是人生的目标。

★ 信心来自志气，成功在于信心。

★ 信心乃成功之矢，信念乃成功之的。

★ 追求充实精神，奋斗充实物质。

★ 宽容是幸福之种，仇恨是灾祸之根。

★ 要想成大事，必须重人才。

★ 要与高人合作，不与小人入伙。

★ 要与君子讲理，不与小人斗嘴。

★ 海量可容酒，雅量可纳福。

★ 欲得得有德，得到得有道。

★ 梦想是人生的憧憬，希望是人生的灯塔。

★ 梦想是人生花朵，成就是人生硕果。

★ 梦想是成功之矢，目标是成功之的。

★ 梦想乃美好的憧憬，希望乃光明的火种。

★ 梦想描绘未来，奋斗实现梦想。

★ 梦想在前方，希望在明天。

★ 理想乃成功之母，奋斗乃成功之父。

★ 理想乃成功的希望，奋斗乃成功的保障。

★ 理想是成功的蓝图，攀登是成功的阶梯。

★ 理想出于信仰，成功在于信念。

★ 理想是人生的灵魂，目标是人生的指南。

★ 理想是思想之花，成就是行动之果。

★ 理想是成功的灵魂，行动是成功的动力。

★ 理想是人生的希望，希望是人生的动力。

★ 理想在前进中实现，成就在付出中收获。

★ 理想在追求中实现，成功在奋斗中达到。

★ 理想引导光明，奋斗成就辉煌。

★ 理想确定目标，追求到达目标。

★ 理想基于信仰，目标基于理想。

★ 理想之花永放，人生奋斗不止。

★ 理想开幸福花，劳动结幸福果。

★ 理想是境界的写真，成就是理想的缩影。

★ 理想是成功的种子，信心是成功的土壤。

★ 梦想是成功的火炬，理想是成功的灯塔。

★ 做人不做追星族，做事须做超星派。

★ 做人彻悟哲理，做事创造奇迹。

★ 做人是学习的过程，做事是实践的过程。

★ 做人最高境界是心中无我，处世最大胸怀是心装天下。

★ 境界高天下为公，理想远世界大同。

★ 视天下为己任，待百姓为父母。

★ 春播大地千滴汗，秋获世间万物金。

★ 欲登天外天，须做人外人。

★ 胸怀大小在境界，理想远近在胸怀。

★ 胸有多大志，成就多大事。

★ 胸怀是人谋事与成事的格局，境界是人起点与终点的尺度。

★ 善帮人者人善帮，算计人者人算计。

★ 眼中唯我乾坤小，心底无私天地宽。

★ 谋事在才能，成事在才干。

★ 谋事在用心，成事在用力。

★ 谋事触类旁通天衣无缝，成事举一反三百战不殆。

★ 唯人者天下为公，唯我者天下为私。

★ 登高远望是境界，谋成大事是胸怀。

★ 量小非君子，无仁不丈夫。

★ 量小者伤人伤己，度大者成人成己。

★ 尊人者人尊，自尊者人鄙。

★ 境界是人生高度，胸怀是人生宽度。

★ 德厚者能载物，志高者能行远。

★ 慈善带不了强兵，仗义聚不了大财。

★ 做事无创新，做人枉为人。

★ 人生无创新，一生枉为人；人生无贡献，一生枉活人。

★ 得志之人须低调，失意之人须高调。

★ 做人贵在脱俗，做事贵在创新。

★ 为人贵感恩，处世贵宽容。

★ 死要面子活得很累，能舍面子活得轻松。

★ 好面子者没面子，舍面子者长面子。

★ 做人不看逗号看句号，做事不看经过看结果。

★ 积极心态像太阳，照到哪里都亮堂，消极心态像月亮，阴晴圆缺难见光。

★ 感恩天地大，怨恨世界小。

★ 大爱大世界，感恩宽天地。

★ 铁器越用越亮，脑筋越用越精。

★ 吃苦，是青少年奋发向上的熔炉；享受，是青少年不思进取的温床。

★ 受苦是年轻人成材的摇篮，享受是年轻人丧志的土壤。

★ 啥养生吃啥益寿，啥味美吃啥伤身。

★ 智者有心吃健康，愚者无意吃疾病。

★ 不怕人生没成就，就怕人生不奋斗。

★ 不怕人生岁月短，就怕没有时间观；不怕人生成就小，就怕没有时间表。

★ 做人不怕岁月少，做事须有时间表。

★ 做人要有良心，做事要有恒心。

★ 为人不怕没成就，人生只要有追求。

★ 做人不怕成就小，做事只要奋斗多。

★ 天天在追梦，日日在成就。

★ 做人耍滑头，人生没路走。

★ 顺境使人平庸，逆境使人成功。

★ 小心做事少出错，大胆做人多成功。

★ 小心做好人，大胆成就事。

★ 勤是富贵之种，懒是贫穷之根。

★ 做人莫想如果，做事要看结果。

★ 世界很大，相遇在缘；心灵很小，相装在分。

★ 驾驭情绪者，既成功又健康；情绪驾驭者，既失败又伤身。

★ 有仁无钱难为人，有钱不仁枉为人。

创作有感（后记）

白书贵

在我步入古稀之际，我创作的格言集《天下明鉴》与世人见面，这是我用毕生的心血向世人献的一份小礼。

我格言集的问世，首先感谢我的好朋友肖劲苍先生和刘德洲局长。同时感谢在我创作过程中一直关心和支持我的朋友们。

格言集的创作，源于肖劲苍先生正在收集、编纂古今中外名人名言集——《经世明鉴》。他为了提高邓州的知名度，便从当地古今文人、民间创作的俗语、格言中，选取收编入集，他看到我出版的诗集《鹏飞吟赋》中，有不少诗句如“人生失败皆由惰，万事成功俱在勤”等，是很好的格言时，对我说：你的诗句不少都是很好的格言，你在日常生活和工作中一定创作不少格言，你整理下我给你多收编几条。我整理了几百条，他看后认为多数不错，但太多了，收编不完，说干脆你自己创作一本格言专著。于是在他鼓励下，我走上创造格言之路，在创作过程中，他帮我提高与把关，并且给予整理、分类。刘德洲局长是我的好老师、好兄弟，在我创作过程中自始至终帮助我提炼把关，最后又以过人的才华和非凡的文笔，为我写了画龙点睛、激情四射、大气磅礴的格言集序，使我和格言集都得到很大的升华。

回首创作的历程，真是既无比艰辛又其乐无穷。创作的过程既是深入学习的过程，又是我在实践中知识升华的过程，同时又是我对人生感悟至深和人生境界升华的过程。

在创作的格言中，我逐步加深了对格言在人们日常生活中重要性的认识。格言是人们在日常生活和日常工作中喜闻乐见又经常使用的。格言言简意赅、哲理丰富、通俗易懂、易诵好记、使用性强、运用处广、内容精辟，一句话可以警醒人，一句话可以成就人。

为什么我创作的格言除了传播正能量和唯物主义无神论之外，我的看人看事的观点和出发点和百分之九十九的人不同，因为从小我就不信天、不信命、不信神、不信鬼，也不认为名人说的话和做的事都对。认为后人从各方面都要超过前人，不然的话社会怎么发展？历史怎么前进？在我十三四岁读《三国演义》时，当看诸葛亮火烧葫芦谷计划失败后，仰天长叹：“谋事在人，成事在天。”古今不少人把这句话奉为经典，我则认为，谋事不成事，谋事有何益？所以我在诗词创作中，创作一首《五绝·圆梦》：“何日梦圆真，前程靠信心；世间谁主宰，成事在于人。”来驳这个谬调，又在创作格言中创作很多关于谋事与成事的辩证关系的格言。如“谋事在于人，成事在于人”“谋事是成事之矢，成事是谋事之的”等，来驳这个天命论。还有在日常生活中经常听到有人说：“失败是成功之母。”不少人失败了不反思，反而还用这句话作为挡箭牌，此句流行之广，危害极大。然而毛泽东主席在艰苦的革命斗争中经常用这句话鼓志气、激发斗志。所以我认为这句话有它的两重性，正面作用不大，负面作用很广，危害极大。所以我在创作中对这句话又添一句进行完善，即“失败是成功之母，教训是成功之父”“失败是成功之母，信心是成功之父”。在日常工作中，发现人们在选人用人时，多数常说“用人不疑，疑人不用”。我则认为“疑人不用人”是正确的，“用人不疑人”是相对的，这个观点造成的误区极大。故我在创作中提出“用人要疑人，疑人要用人，在用人中识别人”。

格言从句式和意义上与诗句有相同之处，但差别不小，倒和对联像同胞兄弟，字数相同，句式稍差，对联讲平仄，格言不论。内容意义相同。格言的确用途广，使用性强。如20世纪90年代初我办企业，由于形势和经营之故，企业面临倒闭，对此我也失去信心，在过春节时，我撰书了“坎坷征途识骏马，艰苦环境造英雄”的对联，从而鼓舞我绝处逢生。在20世纪90年代后期的一个春节，我又撰书一副对联“人生三分得天赋，命运七成靠自争”。这句话对我启发激励很大，时至今天我取得的一切成就都是这副对联激励的。当时我已年过半百，要想在有限的岁月里，尽可能地做出较大的成就，必须选择一条人生最后的突破口。经过反复思考之后，基于我从小就喜诗好书，又有良好的基础，所以就选择掂起笔杆子，走上创作之路。当即买了诗词创作入门知识，又买了字帖，一边研究诗词创作，一边练习书法。我行走带着笔和本，看见什么写什么，想起什么写什么，夜晚睡觉把本和笔放在枕边，啥时想起来啥时写，啥时醒来啥时写。在不到三年的时间我出版一本《鹏飞吟赋》诗集，其中不仅在全国诗词大赛中多次获奖，还四次荣获国际优秀作品奖；创作的格言入编2006年中央党校出版的“八荣八耻箴言录”。在练习书法的过程中，更是艰辛。我把报纸用淡墨染暗，然后用清水练字，既干净又节约，每年要写200多斤水。不管春夏秋冬，每天五点左右起床练字，雷打不动，我又创作一首《七绝·自勉》：“闻鸡舞笔在高楼，盛夏严冬日不休。吟赋临池抒壮志，夕阳辉映写春秋。”书写之后挂在创作室鼓舞斗志。取得一定的成就之后，在我创作的“学习前人是方法，超越前人是目的”“敢闯足为路，敢攀人为峰”格言鼓舞下，继续向高端攀登，于是，于2010年6月28日我创作的毛泽东《沁园春·雪》创世界最长的狂草连笔书法作品世界纪录。2015年我创作的书法作品镌刻在中国八达岭新长城上。

由于我水平不高，阅历不深，加之对问题认识不够全面，在创作过程中缺点、错误一定不少，为了不误导读者，也有利于我在创作格言续集时能借前车之鉴，请读者多提宝贵意见和建议，我表示衷心的感谢与接受。最后以我的格言与读者共勉："难成惊人之人，须成惊人之事。"